Heinrich Brugsch

Aus dem Orient

Heinrich Brugsch

Aus dem Orient

ISBN/EAN: 9783742837516

Hergestellt in Europa, USA, Kanada, Australien, Japan

Cover: Foto ©ninafisch / pixelio.de

Manufactured and distributed by brebook publishing software (www.brebook.com)

Heinrich Brugsch

Aus dem Orient

Aus dem Orient.

Von

Heinrich Brugsch.

Erster Theil.

Berlin, 1864.

Verlag von Werner Große.

Seiner Durchlaucht dem Fürsten

Herm. Ludwig Heinrich v. Pückler-Muskau

als Zeichen

innigster Verehrung und Dankbarkeit

Vorwort.

Die nachstehenden Seiten enthalten mit sehr unwesentlichen Redactions-Aenderungen den getreuen Abdruck einer Reihe von Vorträgen, welche ich in verschiedenen Zeiträumen innerhalb der letzten neun Jahre in meiner Vaterstadt öffentlich und vor einem gebildeten Publicum gehalten habe. Der Wahl der behandelten Gegenstände, welche sich auf dem Gebiete des modernen und antiken Orientes mit besonderer Bevorzugung Aegyptens bewegen, möchte es zugeschrieben werden, daß sich die Kritik über die einzelnen Vorträge freundlicher und günstiger, als ich zu hoffen berechtigt war, aussprach. Wenn ich dieselben gegenwärtig der Oeffentlichkeit übergebe, so hat mich nicht das schmeichelhafte Lob öffentlichen Urtheils verführt, den für das Ohr berechneten Vortrag gedruckt vor das Auge zu führen; vielmehr war es Folge oftmals an mich ergangener Mahnung lieber Freunde, welche mich schließlich zu diesem Schritte ermuthigte. Daß ich literarisch Unvollkommenes biete, fühle ich am besten, vielleicht aber, daß der Inhalt der Form einigermaßen zu Gute kommt.

Die Aufsätze des ersten Bändchens enthalten ausschließlich ägyptische Reise-Erinnerungen auf dem Boden des selbst Erlebten und selbst Erfahrenen. Die drei ersten Stücke des zweiten Bändchens berühren das Feld eigener wissenschaftlicher Untersuchungen. Sie stellen gleichsam eine geistige Reise in die älteste Vergangenheit dar. Der Schlußaufsatz: „Germanen und Perser" bewegt sich in gleicher Weise auf dem Gebiete eigener Reiseerlebnisse, wie der wissenschaftlichen Forschung. Von Anmerkungen und Citaten habe ich mich absichtlich fern gehalten, da ich nicht gelehrt, sondern, wie in meinen mündlichen Vorträgen, allgemein verständlich erscheinen will. Das altägyptische Märchen, außerdem vielleicht Moses und die Steine, ziehen möglicherweise auch den Fachgelehrten an. In diesem Falle wird es für den Betreffenden nicht schwer sein, den wissenschaftlichen Kern aus der populären Darstellung herauszuerkennen.

So sende ich denn diese bescheidenen Beiträge zur Kenntniß des Orientes in die Oeffentlichkeit, in der stillen Hoffnung, hier und da wohlwollende Leser und milde Beurtheiler zu finden. Diejenigen, welche mir durch die Bande der Freundschaft und Bekanntschaft im Leben näher stehen, mögen diese Blätter als eine freundlich gebotene Abschiedskarte zum Zeichen der Erinnerung vor meinem Scheiden aus Europa betrachten.

H. B.

Inhalt.

———— ——

Ein Tag und eine Nacht in Kairo.

Kaum ist der äußerste Rand der glühenden Sonnen-
kugel an dem welligen Horizont der arabischen
Wüste in majestätischer Schöne emporgetaucht, um mit wunderbarem Purpurlichte die zackigen Gipfel der Bergkette des
öden Mokattam zu übergießen, an dessen Fuße, in Dämmerung gehüllt, die „hochgeehrte" Stadt der Khalifen in tiefem
Schlummer ruht: da ertönen durch die heilige Stille des
Morgens von den luftigen Minarets zahlreicher Moscheen
die ernsten feierlichen Klänge der Sänger, um den Preis
und die Vollkommenheiten Gottes und seines Propheten
Mohammed den frommen Gläubigen zu verkünden. Der
Sänger mahnende Worte hörend, daß Gebet besser denn
Schlaf sei, öffnen die Muslim ihre Augen, erheben sich
alsbald von dem einfachen Lager, das auf einem niedrigen
Gestell von Palmenstäben ausgebreitet ist und schütteln ihre
faltigen Gewänder aus, mit denen sie sich, nach Brauch des

Brugsch, Aus dem Orient. I.   1

Landes vollständig bekleidet am vorigen Abend zur Ruhe gelegt haben. Dann wird die Waschung vorgenommen, weniger aus den natürlichen Rücksichten für nothwendige Sauberkeit, als vielmehr, weil das göttliche Buch des Propheten, der Koran, befiehlt, vor dem Gebete Gesicht, Hände und Füße mit Wasser zu reinigen. Nun zieht der fromme Moslim die Schuhe aus, wenn anders er solche besitzt, tritt auf den türkischen oder persischen bunten Gebetteppich oder die schmucklosere Binsenmatte und murmelt, das Angesicht nach Osten gewendet, die einleitenden Worte: Allahu akbar! „Gott ist sehr groß!" Bald knieend, bald liegend, bald stehend spricht er in tiefer Inbrunst das lange Gebet. Nichts darf ihn in seiner Andacht stören, soll anders das Gebet seine beabsichtigte Wirkung haben. Mittlerweile hat der Diener oder die dunkelfarbige Sclavin des Hauses den Kaffee bereitet, den sie dem Herrn sammt der glimmenden Pfeife darreicht. Voll Ernstes erwidert er den Morgengruß des dienenden Volkes, schlürft mit lautem Geräusche aus der kleinen zierlichen Tasse den schäumenden schwarzen Trank ein und beginnt nun die traute Unterhaltung mit dem steten Begleiter seines Tagewerkes: seiner Pfeife. In langen Zügen „trinkt er," so nennt er es ausdrücklich, den duftigen Rauch des syrischen Tabaks und bläst voll inneren Vergnügens blaue, sich kräuselnde Wolken in die Luft. Auf dem schwellenden Divan die Glieder bequem ausstreckend, fängt der Kairenser sein Tagewerk mit dem üblichen kêf an, dem überaus verführerischen orientalischen dolce far niente.

Ueberlassen wir ihn seinen Träumen und Phantasieen im eigenen Hause, wo das Treiben wenig Mannigfaltigkeit und Poesie darbietet.

Das stets wechselnde Leben auf der Gasse und auf dem Markte, das ist der anziehende Stoff, der uns gestattet, die bunten, mannigfaltigen Seiten der kairenser Zustände zu einem heiteren Bilde zu vereinigen.

Die Sonne ist allmählig höher gestiegen, die dämmernden Nebel sind zerstreut, der ewig klare blaue Himmel hat sein Zelt über die Wunderstadt Kairo ausgespannt, welche den Augen des Reisenden das entzückendste Panorama darbietet. Von der Brüstung aus, welche den Felsen umfaßt, auf dessen Höhe die schwarzen Schlünde zahlreicher eiserner Kanonen in drohender Weise die Stadt angähnen, während neben ihnen die Minarets der Moschee Mohammed Ali's als göttliche Zeichen des Heiles und Friedens ihre schlanken Häupter in den blauen Aether emporstrecken und die phantastischen Zeichnungen der Alabasterwände dieses Tempels des Islam beim hellen Sonnenschein in wundersamer Pracht blinken und glitzern; von dieser Brüstung aus, etwa 200 Fuß über dem Spiegel des Flusses, schweift der Blick über ein wogendes Meer kastenförmig gebauter Häuser und Moscheen, deren zierliche Minarets mit dem Halbmond auf der Spitze in zahlloser Menge wie Kristallnadeln in die Höhe schießen, während zahllose Molkofs oder offene Luftgänge, welche den frischen Nordwind in die Wohnungen der Menschen hineinleiten, wie Souffleurkasten auf den platten

Dächern der Häuser in gemeinsamer Richtung nach Norden
schauen. Von hohen Mauern eingeschlossen, ragen hier die
nickenden Häupter schlanker Palmen und dickbelaubte schattige
Sykomoren, an deren Fuße der Büffel mit verbundenem
Augenpaar Jahr aus, Jahr ein das knarrende Wasserrad
dreht, aus den lustigen Anlagen eines großen Gartens hervor, in dessen Gängen, wohl bewacht und behütet, die Frauen
eines Paschas lustwandeln. Indem wir dort an den weiß-
getünchten Gräbern und ihren aufrecht stehenden Leichen-
steinen zwischen Cypressen und Aloëpflanzen einen Ort der
ewigen Ruhe für dahingeschiedene Muslim erkennen, schallen
die Höhe hinauf an unser Ohr die ernsten Lieder blinder
Sänger, welche einer Leiche vorangehen, während das wilde
Geschrei der Klageweiber, die dem Zuge folgen, Mark und
Bein erschütternd, oftmals ihre sanftere Klage unterbricht.
Im Uebermaß des Schmerzes tanzend und heulend schreit
die Wittwe dem dahingeschiedenen Gatten oder Sohne die
seltsamen Worte nach: „O Du Kameel meines Hauses!"
Das Kameel, unstreitig das nützlichste Thier des Orients,
wird so zu einem ernst gemeinten rührenden Bilde der Sorge
des Mannes für das Haus.

Auf einer langen Reihe von Bögen ruhend, dehnt sich
dort in nicht zu weiter Ferne die alte Wasserleitung der
Khalifen bis nach der Vorstadt Altkairos aus, wo der Nil
dicht vorbeifließend seine silbernen Pfade dahinzieht, und die
liebliche Insel Rodah mit ihren Gärten und Palästen, mit
ihrem weltberühmten Nilmesser, der sagenreichen Stelle der

Mosesfindung, bald mit sanftem Wellenschlage, bald mit rauschendem Getöse umspült.

Weiterhin breiten sich auf dem jenseitigen Ufer des Flusses grünende Felder aus, denen Palmenwaldungen mit rothschimmernden Früchten, spiegelnde Wasserflächen und die schwarzen Hütten der Dörfer arabischer Fellahin den Reiz landschaftlichen Wechsels verleihen. Ein schmaler gelb-leuchtender Streifen, der sich am äußersten Horizonte ent-lang zieht, zeigt uns die Grenze an, wo das Reich der gro-ßen libyschen Wüste beginnt und wo die sichtbare Kunde der ältesten Geschichte des Menschengeschlechtes aufhört. In wundersamer Beleuchtung, vom zartesten, magischen Farbenduft umhüllt, strecken da die Marksteine der Geschichte, die Pyramiden, ihre Häupter in die Luft, die kein Wölkchen trübt, ein ewig blaues, klares Lichtmeer.

Das Leben in den engen Gassen der Stadt, welche zum Schutze gegen die brennenden Strahlen der Sonne meisten-theils mit einem Schirme ausgespannter Tücher und Holz-decken überdacht sind, die alle Gegenstände in ein seltsames Halbdunkel hüllen, beginnt allmählig jenen Anstrich zu ge-winnen, der auf den reisenden Abendländer den unüber-windlichsten Reiz ausübt. Die Läden, eigentlich große vier-eckige kastenartige Löcher, die an den Wänden der Häuser in dichten Reihen nebeneinander fortlaufen, öffnen sich; der Kaufmann, seine glimmende Pfeife rauchend, hockt auf einem Kissen am vordersten Estrich seiner Bude. Seine Waaren, die in buntem Wirrwarr im Hintergrunde derselben aufgestellt sind, müssen den Käufer selber locken. Der Besitzer preist sie weder an, noch fordert er den Vorübergehenden auf. Eifrig arbeiten in den engen Räumen ihrer Werkstätte die Handwerker, sich der einfachsten Instrumente bedienend, wobei die Füße und Zehen ebenso flink und geschickt mitarbeiten als die Hände und Finger, die bei dem Orientalen von einer auffallenden Geschicklichkeit und Beweglichkeit sind.

Da ist den ganzen Tag ein Hämmern und Klopfen, ein Klappern und Knarren, ein Pfeifen und Schnurren, ein Wackeln der Köpfe und der Körper, daß man meinen möchte, die Heinzelmännchen seien von Köln nach Kairo übers Meer gewandert, und arbeiteten nunmehr an dem Hauptorte des Islams.

Hier steigt in die Bude eines Barbiers der Kunde hinauf oder hinein, (wie man sagen muß, weiß man nicht recht), den rechten Fuß voransetzend, denn er ist der geehrtere, gerade so wie die rechte Hand. „Friede sei über Dir" sagt er zum Gruße dem Meister, der ihm sein „und über Dir der Friede" schnell und zuvorkommend als Gegengruß erwidert. Der schön gewundene Turban wird vom Haupte genommen, Kopf und Gesicht eingeseift, und beides so rein geschoren, daß außer dem langen Zopfe auf der Mitte des Scheitels kein Härlein sichtbar ist. Mit beinahe geckenhaftem Wohlgefallen betrachtet der Geschorene in dem runden Metall- oder Glasspiegel mit Perlmutter-Einfassung seinen weiß leuchtenden Schädel und verläßt mit derselben

Befriedigung die schmutzige Stube des noch schmutzigeren Barbiers, als der feine pariser Stutzer das Boudoir eines renommirten Pariser Haarkünstlers. Nun kommt jener Andere an die Reihe, welcher dem vorigen in die Bude nachgestiegen und durch seinen papageygrünen Turban als ein Nachkomme des Propheten, als ein Scherif, gekennzeichnet ist. Die kalte Morgenluft hat ihn zum Niesen gereizt „Gott Lob" ruft er aus, „Gott erbarme sich Eurer" rufen ihm die Anwesenden zu. „Gott führe uns und führe Euch!' erwidert der Angeredete nach herkömmlicher Weise. Der Kairenser ist von einer auffallenden, fast lästigen Höflichkeit und Aufmerksamkeit, die bei der geringsten Veranlassung in hergebrachter Weise ihren wortreichen Ausdruck findet. Man könnte die Seiten eines dicken Buches mit derartigen höflichen Formeln füllen, die sich wie Schlag und Gegenschlag zu einander verhalten, und höchstens durch die Seltsamkeit des Gedankens im Anfange anziehen. Später werden sie eine höchst lästige Beigabe einer jeden Unterhaltung, die ohne sie vom Gruß bis zum Abschied hin gar nicht denkbar wäre.

Dort, nicht fern von der Bude des Barbiers, kauft ein Armer ein Gericht gekochter Bohnen und hockt sich nieder, um seine Mahlzeit im Namen Gottes des Allerbarmers und des Barmherzigen zu beginnen, mit einem Gott sei Lob und Preis zu schließen; hier erhandeln verschleierte Frauen das Kohel und Henna, um sich die Augenränder schwarz und Hände und Füße braunroth zu färben. Vor jener Schreibebude läßt sich ein reicher Araber Amulette gegen den bösen

Blick für sich oder sein Pferd oder seinen Esel schreiben und die ernste Miene des Schreibers gibt ein Zeugniß, daß es inhaltsschwere Worte sind, die er zu Papiere bringt.

Das Kaufen ist ein ebenso umständliches als langweiliges Geschäft. Der Kairenser fordert 10 Mal mehr als die Sache, deren Aechtheit oftmals zweifelhafter Natur ist, werth ist. Er ladet den Kaufenden zum Sitzen ein, reicht ihm seine Pfeife, präsentirt den unvermeidlichen Kaffee, der von seinem Knaben aus dem nächsten Kaffeehause herbei= geholt wird, und mit einer Fülle blumenreicher Redensarten beginnt das eigentliche Geschäft, das im glücklichsten Falle eine halbe Stunde dauert. Nach langem Hin= und Herreden, wobei ganz andere Gespräche als der Kauf in die Unter= haltung mit hineingezogen werden, um die Aufmerksamkeit des Kaufenden abzulenken, einigt man sich endlich, nachdem sehr oft ein Vorübergehender als Vermittler eingetreten ist. Zur schlimmsten Art der Verkäufer gehören diejenigen, welche dem Kauflustigen den verlangten Gegenstand sogleich mit den Worten anbieten: Nimm ihn als ein Geschenk! Man ist sicher, eine übertriebene Forderung hinterher zu hören. Ist der Kauf abgeschlossen und das Geld gezahlt, so erhält der begleitende Diener des Käufers vom Kaufmann ein kleines Geschenk an Geld.

. Den Mittelpunkt des geschäftlichen Lebens in Kairo bildet der sogenannte Khan Khalil, ein besonderes Viertel mit einer Hauptstraße und vielen engen Nebengassen, die von langen Reihen nebeneinander liegender Buden der

Kaufleute und Handwerker gebildet sind. Die Handwerker sitzen gildenweise zusammen. Da giebt es einen Schuster=markt, wo die Schuster emsig an den gelben und rothen Schuhen mit den gekrümmten Spitzen arbeiten, einen Markt der Schneider, der Schreiner, der Drechsler, der Fruchthändler, der Zuckerbäcker, der Pfeifenhändler, der Steinschneider und Schleifer, der Juweliere, der Seidenhändler und Waffen=schmiede, der Teppichhändler und wie sie alle heißen mögen.

Das angenehmste Kaufviertel ist der suk-el-rich oder der Markt des Duftes, woselbst alle Wohlgerüche Arabiens und des Südens echt und verfälscht zum Kaufe ausgeboten werden. Selbst ein Blinder findet diesen Markt des Duftes leicht, da der starke Geruch straßenweit zu merken ist.

Die Handwerker arbeiten emsig, die Kaufleute dagegen verrauchen den ganzen langen Tag, sprechen mit ihren Nach=barn und den Käufern und erheben sich nur von ihrem Sitze, um die üblichen Gebete an den bestimmten Tages=zeiten zu verrichten. Verlassen sie auf einige Zeit ihren Laden, so hängen sie ein Netz, aus dünnen Fäden gestrickt, davor auf und kein loser Vogel wird es wagen, die ver=botenen Trauben dahinter anzutasten. Die Inschriften auf Papier, mit welchen die Läden der meisten Kairenser Buden versehen sind, enthalten nicht etwa, wie zu vermuthen stände, die Firma des Kaufmanns, sondern nur fromme Sprüche oder das mohamedanische Glaubensbekenntniß. Hier liest man: „Wahrlich, wir haben dir einen offenbaren Sieg ge=währt," dort: „Beistand von Gott und ein schneller Sieg,"

„bringe du gute Nachrichten den Gläubigen," dort wiederum die Anrufung an Gott: „O du Oeffner, o du Weiser, o du Abhelfer unserer Bedürfnisse, o du Gütiger." Dieselben Worte werden von den Kaufleuten wiederholt, wenn sie des Morgens, nach dem ersten Gebete, ihre Buden öffnen.

Die Häuser, welche hier und da zwischen den Läden hervortauchen, haben denselben Anstrich, wie die übrigen der Stadt, wenn sie nicht aus der Zeit des schönen, an Arabesken und Verzierungen reichen, älteren Baustyles herrühren, den kein Gebäude heutzutage mehr erreicht. An der großen Thüre des Hauses stehen gemeiniglich die Worte: „Er (nämlich Gott) ist der Schöpfer, der Ewige," um den Besitzer des Hauses bei seinem Eintritt an seine Sterblichkeit zu erinnern. Gehört das Haus einem Haggi oder Mekkapilger, so befinden sich über der Thüre roh ausgeführte farbige Malereien, ein Schiff, ein Kameel, einen Baum, an dem ein Löwe angebunden ist und fechtende Personen darstellend. Diese neuägyptischen Hieroglyphen sollen Anspielungen auf die Reise nach Mekka zu Wasser und zu Lande und auf den Muth des Pilgers sein, der weder vor den wilden Thieren noch vor Räubern zurückgeschreckt ist. Ueber der Thür jenes neuen Hauses dort hängt eine Aloëstaude oder, wie die Aegypter diese Pflanze benennen, die Geduld. Sie soll den Bewohnern ein langes, glückliches Leben bringen und sie vor allem Uebel und Unglück behüten, während der hohle Panzer eines getödteten Krokodiles vor dem bösen Blicke schützen soll. Da, wo die Thüren niedrig sind und offen stehen, dürfen wir ein arabisches Bad voraussetzen, aber wehe dem Manne, welcher eintreten wollte, wäre die Thür durch ein weißes Tuch, nicht größer, als eine Serviette, verhängt. Das ist das Zeichen, daß ein Harem im Bade ist; jedes Eindringen wäre dann lebensgefährlich.

Um das bunte Treiben in den belebtesten Straßen, wo die Menge hin und herwogt, näher zu prüfen, ist es noth=wendig und zugleich nach kairenser Anschauung wohlanständig, eine ägyptische Droschke zu miethen, d. h. einen Esel sammt dem zugehörigen Führer, welcher bald in langsamen, bald in schnellem Schritte seinem Thiere nachläuft. Die Esel=buben Kairos, dem Lebensalter vom 4. bis zum 20. Jahre angehörig, bilden ohne Zweifel den intelligentesten Theil der niederen Bevölkerung der Stadt. Der stete Umgang mit den Fremden, welche sie auf allen Ausflügen in und außer=halb Kairo's zu begleiten pflegen, giebt ihnen Gelegenheit, sich einzelne Brocken aller europäischen Sprachen anzueignen, deren sie sich geschickt genug bedienen, um dem neuangekomme=nen Fremdling die ersten Sprachstunden im kairenser Arabisch zu geben, ihm die Merkwürdigkeiten der Stadt zu erklären, oder im schlimmsten Falle sich über ihn lustig zu machen. Sie haben eine auffallende Geläufigkeit darin, aus einer großen Masse anlangender Reisenden sofort die Nationalität der einzelnen herauszuerkennen, indem sie denselben, einem Jeden in seiner Muttersprache, die Esel zu Gebote stellen. Die letzteren nehmen unter den übrigen vierfüßigen Bewohnern Aegyptens einen Rang ein, der dem der Eseljungen unter der niederen arabischen Bevölkerung gewissermaßen entspricht. Sie sind größer als die unsrigen, weniger kopfhängerisch, muthiger und, was die Hauptsache ist, von erstaunlicher Schnelligkeit. Rottenweise lagern sie sammt ihren Führern auf den Hauptplätzen und an den Hauptecken Kairo's. Naht sich ein eselbedürftiger Reiter, so stürzt der ganze Haufe auf ihn zu, und nur mit Hülfe wohl ausgetheilter Prügel bricht er sich endlich Bahn zum Steigbügel seines gewählten Thieres. So beritten geht's lustig in die engen belebten Straßen hinein. Das Drängen und Treiben in denselben ist so bedeutend, daß wir nach altherkömmlicher Sitte der Kairenser, einem jeden vor uns Gehenden und den Rücken uns Zuwendenden zurufen müssen. Der Araber kümmert sich wenig um das, was hinter ihm vorgeht; die Begebenheiten des Straßenlebens vor ihm ziehen ihn an, das Schicksal seiner Person bleibt somit der zeitigen Fürsorge seines Hintermannes überlassen, der ihm in drohenden Fällen zuschreien muß „mein Herr, geh' rechts, geh' links, nimm Deinen Fuß in Acht! nimm Deinen Rücken in Acht!" In diesem Falle weicht er aus, doch ohne sich umzusehen, und vermeidet so den unausbleiblichen Zusammenstoß. Die Anrufungen variiren in den Anreden je nach dem Alter und Stande der Person. Einer Frau, die verschleiert ist, ruft man zu „meine Gebieterin," scheint sie noch jung zu sein „o mein Auge!" Eine Frau aus den niederen Ständen, ist sie selbst alt, hält es für eine Beleidigung, anders betitelt zu werden, als „o du Mädchen!" oder „o meine Schwester."

Den Alten ruft man zu „o Schech" oder auch „o mein Onkel," der anständig gekleidete Araber und der Türke erhalten den Ehrennamen „o Effendi," der Europäer seine specielle Benennung ya hawageh „o Kaufmann." Dem entsprechend sind auch die etwanigen Erwiderungen. Als ich einst einer arabischen jüngeren Dame von 14—15 Jahren zurief „weiche rechts aus meine Gebieterin," erwiderte sie „zu Befehl, mein Sohn," und so passirte denn ihr doppelt so alter europäischer Sohn zu Esel getrost vorbei.

Den Wagen, die den Paschas und den vornehmen Europäern gehören, obgleich deren nicht viele in Kairo vorhanden sind, so wie den Reitern zu Pferde laufen hochaufgeschürzte Araber, welche in der einen Hand einen geschmeidigen Kurbatsch halten, die aus der Haut des Hippopotamus geschnittene Peitsche, in schnellstem Tempo voran. Hilft ihr Zuruf nicht, wobei es nicht zu viel höfliche Redensarten gibt, so hilft der Hieb, und schleunigst weicht der säumige Pilger auf dem Wege aus. Schlimmer ist es, wenn ein mit langen Balken, großen Steinblöcken oder einer sonstigen schweren Last beladenes Kameel gravitätisch durch die Menge einhergeschritten kommt. Da heißt es vorsichtig vorbei weichen, widrigenfalls die Reiter oder Fußgänger bedeutende unfreiwillige Abweichungen von ihrer Linie nehmen müssen.

Der größere Theil der Pflastertreter Kairos, obwohl ich diesen Ausdruck uneigentlich gebrauche, da der Boden keiner Stadt in ganz Aegypten regelrecht geebnet, geschweige denn gepflastert wäre, gehört der ärmeren arabischen Klasse Kairos

an. Die einen verrichten ihre Handthierungen als Boten,
Lastträger, Diener oder Verkäufer, die letzteren erfüllen die
Straßen mit ihrem durchdringenden näselnden Gesange, der
den Zweck haben soll, die Vorübergehenden auf ihre Waare
aufmerksam zu machen, obgleich der Inhalt des Gesanges
scheinbar in gar keinem Zusammenhange steht mit der Natur
der ausgebotenen Waare.

Vor einem Korbe süßer Apfelsinen sitzt da eine arme,
mit einem einzigen blauen Kattunkleide bedeckte Frau, das
Gesicht ist mit Dak grün bemalt, und die Augenränder mit
Kohel schwarz gefärbt, dabei trägt sie einen großen Ring in
der Nase, bunte Ketten um den Hals, und mehrere große
silberne Ringe an den rothbraun tättowirten Fingern. Kokett
zieht sie bei unserem Anblick den Kopfzipfel ihres Kleides
über das halbe Gesicht, aus züchtiger Schamhaftigkeit oder
den bösen Blick unseres fränkischen Auges fürchtend, ruft
uns aber dennoch mit lautem Schrei die Worte des Orangen=
verkäufers zu: „Honig, o Apfelsinen, Honig.“ Dort schleppt
sich in gebückter Stellung und mit einem Rocke bekleidet,
der aus einigen Ziegenhäuten zusammengenäht ist und auf
den Schultern einen schweren Ziegenschlauch voll Wassers
tragend, der arme Wasserträger einher. Er bietet das
Wasser mit den Worten „möge Gott mir Ersatz geben“ zum
Kauf an. Da werden uns Rosensträußchen mit dem Rufe
hingehalten: „die Rose war ein Dorn; vom Schweiße des
Propheten ist er aufgeblüht.“ Dort steht eine ägyptische
Dame in ihrem schwarzseidenen Ueberwurfe, den weißen

Schleier vor dem Gesicht, aus dem die schwarzen feurigen
Augen euch bald anlachen, bald verächtlich zu durchbohren
scheinen. Ihre schwarze Dienerin begleitet sie; sie ist schnee=
weiß gekleidet wie ihre Herrin schwarz. Da nähert sich
ihnen ein kleines Mädchen Hennablumen anbietend mit dem
Zurufe „o meine Gebieterin! Düfte des Paradieses, o
Blumen der Henna" und beide kaufen von den wohlriechenden
Blumen. Der Mann dort mit seinem Korbe voll Zucker=
werk ruft euch zu: „Für einen Nagel! o Zuckerwerk!" das
ist ein schlimmer Gesell, da er die Kinder und Dienstboten
veranlaßt, Nägel und andere Kleinigkeiten aus dem Hause
zu stehlen, um dieselben gegen seine Waare umzusetzen.
Eine Art von Gemüse, Tirmus genannt, bieten sie mit den
Worten aus „o wie süß das kleine Söhnchen des Flusses,"
die Citronen dagegen mit dem Rufe: „Gott mache sie leicht,
o Citronen!" und die gerösteten Kerne einer Art Wasser=
melone mit dem Schrei: „o Tröster dessen, der in Noth,
o Kerne!"

Leute aller Trachten und aller Zungen, in ruhiger und
in der lebhaftesten Stimmung, geben das vollständige Bild
eines Karnevals, der tagtäglich die Hauptstraßen Kairo's
durchwogt. Dort kommt gravitätisch, seinen langen weißen
Bart behäbig streichend, ein türkischer Bey geritten, während
der neben ihm laufende Diener, die Pfeife tragend, den Arm
auf den Rücken des Thiers gelegt hat. Der Schritt seines
Pferdes, das ein blutrothes mit Gold gesticktes und mit
Trobbeln behängtes Zaum= und Sattelzeug bedeckt, ist eben

so langsam wie der Gedanke seines Herrn. Schnell zu
reiten hält der vornehme Türke für unziemlich und seinem
Range unangemessen. „O Du Sohn des Hundes!" donnert
er einem armen Araber entgegen, der im Vorbeigehen sein
Kleid gestreift hat und scheu und schüchtern in der Menge
verschwindet. Da taucht neben ihm wie ein Geist ein lang-
gelockter, hagerer Mensch auf; sein Kleid ist aus tausend
bunten Flicken zusammengesetzt, sein Kopf ist von einer Art
Schellenkappe bedeckt, sein Auge ist irre; seine mageren
Hände erhebend, bettelt er um ein Almosen. Das ist ein
Verrückter oder Heiliger der geehrten Stadt Kairo. Die
Verrückten werden nämlich von den Anhängern des Pro-
pheten für heilige Personen angesehen, da, ihrer Meinung
nach, dieselben von Gott dadurch besonders bevorzugt seien,
daß ihr Geist bereits im Himmel weile, während ihr gröberer
Theil sich hier auf Erden unter sterblichen Menschen befinde.
Sie dürfen die ärgsten Handlungen ungestraft begehen und
werden mit der bewunderungswürdigsten Geduld geführt und
geleitet. Der feine arabische Effendi in seiner kleidsamen
Mameluckentracht bildet hier in Kairo den Lion der arabischen
Gesellschaft. Er kleidet sich mit einer gewissen Eleganz, die
freilich darin nie etwas Anstößiges findet, daß aus einer
goldgestickten rothen Jacke der Ellenbogen hervorsieht oder
die Schuhe ziemlich sichtbar zerplatzt sind. Er begrüßt den
koptischen Moallim oder Schreiber der Regierung, dessen
bleiches, rundes Gesicht, noch mehr aber der lange Kaftan
von blauem Tuche, der dichtgewundene schwarze Turban

und das meſſingene Schreibzeug im Gürtel, einen echten
Nachkommen der alten Aegypter verräth. Nicht den beſten
Theil der kairenſer Bevölkerung bildet jener türkiſche Polizei=
ſoldat, den ſeine Tracht: die griechiſche Juſtanella und die
griechiſche geſtickte Jacke, ſofort als den Arnauten kennzeichnet.
Ein wahres Arſenal ſilberbeſchlagener Piſtolen, Dolche und
Meſſer ſteckt in ſeinem Gürtel, über der Schulter hängt
das lange Gewehr und in der Hand ſchwingt er drohend
den Kurbatſch. Ein ungeheurer Schnurrbart giebt ſeinem
verſchmitzten Geſichte den vollendeten Ausdruck eines Helden
aus irgend welcher renommirten Räuberſchaar. Dieſe furcht=
baren Konſtabler Kairo's haben die ſaubere Lebensregel,
jeden rechtmäßig oder unrechtmäßig erworbenen Piaſter ſo=
fort an den Mann zu bringen, da man nicht wiſſen könne,
ob man und wie man die folgende Stunde erlebe.

Dem frommen Derwiſch dort, mit dem grünen Kaftan,
bezeugt die hohe Pelzmütze auf dem Kopfe, welche er kokettirend
wie Bodenſtedt's Mirza Schaffy hin und her bewegt, den
perſiſchen Urſprung; ſein ägyptiſcher Kollege dagegen ſchreitet
in dem lumpigſten Koſtüm hinter ihm her und ſchwingt die
hölzerne Eßſchüſſel und den Löffel als die beſonderen Zeichen
ſeiner Würde. Ihm zunächſt wandelt ein deutſcher Hand=
werksburſch, den rothen türkiſchen Fez ſchräg auf das blonde
Haar geſetzt, um jene Ecke in die enge Straße einbiegend,
wo er um weniges Geld in einer italieniſchen Locanda ſein
Zelt aufgeſchlagen hat. Heulend und bellend ſtürzen die
Hunde des Viertels auf ihn, den Fremdling, los, als wollten

sie nach seiner Paßkarte fragen. Ein Wurf mit Steinen
vertreibt aber die ungehobelten Gäste. Da kommen ein
Paar sonnengebräunte Beduinen auf ihren hageren Pferden
angeritten. In malerischer Weise schlingt sich das kameel-
härene Gewand um ihren Leib und um den Kopf, und kaum
sichtbar lugen die kleinen Augen in die Menge hinein, durch
welche sich die Pferde sicher hindurchzuwinden wissen. Zwei
arabische Frauen folgen ihnen auf ihrer Fährte. Die eine
trägt einen hohen Krug auf dem Kopfe, die andere das
kleine Kind auf der Schulter, das, rittlings sitzend, nach
orientalischer Weise sich an den Kopf der Mutter stützend,
das Gleichgewicht selber zu halten weiß. Beide Weiber reden
mit aufgehobenen Händen, die sie häufig zusammenschlagen,
auf das Eifrigste mit einander. Sie gehören dem Harem
jener edlen Ritter an, denen sie als getreue Ehefrauen den
weiten Weg nach der Stadt zu Fuße folgen müssen. Hier,
gegenüber dem kleinen schlechten Hause, in welchem eine
Araberin mit lautem Geräusche die Handmühle dreht, verstopft
plötzlich ein Haufen von Balken und Steinen den Weg.
Man baut ein Haus, die Kinder und Frauen müssen dabei
Handlangerdienste leisten, während die Männer das eigentliche Geschäft der Maurer verrichten. Im Takte singend,
trägt das schwache Geschlecht die Steine, den Mörtel, das
Holz zum Bau herbei; der Aufseher, welcher gemächlich
seine Pfeife raucht, treibt sie zeitweise mit Stockschlägen zum
schnelleren Laufen an. Scherzweise ruft der vornehme Türke,
dessen Maulthier von einem großen, centnerschweren Blocke

im Laufe gehemmt ist, einem Mädchen zu: „O meine Tochter, trage mir diesen Stein fort!" Als geborene Kairenserin erwidert sie mit schnellem Witze: „Zu Befehl, o mein Onkel, nur sei so gütig, mir den Stein auf den Rücken zu legen." Da kommt uns ein langer Zug verhüllter berittener Frauen entgegen. Rittlings auf ihren hochgesattelten Eseln sitzend, folgen sie eine der anderen. Diener begleiten sie, die Kinder tragend, und ein schwarzer, fettleibiger, wohlbewaffneter Eunuch in reichem, gesticktem Kostüm reitet zu Pferde voran. Der ganze Harem eines vornehmen Kairensers wird ausgeführt, um irgendwo einen mehrtägigen Besuch abzustatten, die einzige Unterhaltung, welche den Frauen gegenseitig gestattet wird. Malteser, Griechen, Armenier, Kurden, Juden, Syrer, Araber aus Mekka, dazwischen Europäer aus aller Herren Länder drängen sich in buntem Gemisch durcheinander, jeder seinem Geschäfte nachgehend, das er sicher mit dem landesüblichen Stoßseufzer eines „So Gott will" beginnt.

Welch' prächtiges Marmordenkmal unterbricht dort plötzlich die Wände schmutziger Häuser? Um ein Gitterfenster herum, das von weißem Marmor eingefaßt ist, ziehen sich schön geschriebene und vergoldete arabische Buchstaben, Verse aus dem Koran enthaltend, und darunter befinden sich zwei messingene kleine Saugröhren. Da tritt ein Araber heran, legt den Mund an die Röhre und saugt das kühlende Wasser zur Stillung seines Durstes ein.

Wir befinden uns vor einem jener öffentlichen Brunnen,

die ein Werk frommer Stiftungen sind. Ueber ihm ist die Moschee und die Schule. Die letztere, frei nach der Straße zu liegend, besteht aus einem großen Zimmer, auf dessen Boden ordnungslos die jungen Schüler hocken, während der Schulmeister, nebenbei häufig ein Handwerk verrichtend, in einer Ecke sitzt. Die Kinder haben beschriebene Blechtafeln vor sich und lesen, den Kopf und die Kniee hin und her neigend, ihre Koranlectionen so wirr und wild durcheinander, daß man meinen möchte, Lehrer und Schüler seien insgesammt zu Narren geworden. Den Schulmeister vermag Nichts in seinem Phlegma zu stören; wird er beobachtet, so geifert er sein „Schmutz auf Dein Haupt!" oder inhaltsvoller „Gott verfluche Deinen Vater" dem unberufenen Beobachter zu.

Die brennende Sonne mahnt uns daran, daß der Mittag genaht sei. In der That sehen wir die frommen Gläubigen in die offene Halle der Moschee eintreten, ihre Schuhe am Eingange ausziehen und auf die Matten zum Gebete niederknieen. Der Sänger ruft von der Gallerie des Minaret die Leute zum zweiten Gebete herbei. „Gott ist sehr groß, singt er, ich bekenne, daß es keinen Gott gibt außer Gott, ich bekenne, daß Mohammed der Gesandte Gottes ist. Kommt zum Gebet, kommt zum Heil, Gott ist sehr groß, es gibt keinen Gott außer Gott!"

Wir benutzen die Zeit bis zum Aser, etwa gegen 4 Uhr Nachmittags, wann der Thürmer vom Minaret die Anhänger des Propheten zum dritten Tagesgebete auffordert, um in das Hôtel oriental an der Esbekieh einzutreten, und an der langen Tafel im großen Empfangssaal, in Gesellschaft europäischer Reisender, das Dejeuner einzunehmen. Das Phlegma des Engländers, der Witz des Franzosen, das Gemüth des Deutschen, die Galanterien des Polen, das Feuer des Italieners lassen sofort verrathen, welchen Ländern jene geselligen Kreise angehören, die hier an Herrn Colomb's Tafelrunde aus persönlicher Neigung und landsmannschaftlicher Anhänglichkeit zusammengerückt sind, im frohen Genusse der Gegenwart, während dienstfertige Araber, unbeholfen genug, den europäischen Emigrés, die meistens als Kellner dienen, Hülfe leisten. Die Tafel ist aufgehoben, man verläßt das Hôtel, in dessen luftigem und geräumigem Hofe arabische Kaufleute Waffen aus der Mameluckenzeit zum Kauf anbieten. Wir schlendern dem Platze der Esbekieh zu, nehmen hier an einem der zahlreichen Tische Platz, die in langen Reihen vor einem Dutzend von Kaffeehäusern aufgestellt sind. Die Esbekieh ist das Eldorado Kairo's, ohne sie wäre der Aufenthalt in der Khalifenstadt nicht halb so prächtig. Man denke sich einen großen, schönen Garten mit Bäumen aller Art bepflanzt, dessen Gänge mit grünenden Gebüschen bekränzt sind. Da geht Jung und Alt spazieren. Die Kinder liegen spielend und sich neckend auf dem Boden, die europäischen Fremdlinge, die hohen und niederen Beamten der Regierung, die armen und reichen Kaufleute der Stadt gehen hier auf und ab oder trinken ihren Kaffee.

Wenn bei uns in Norddeutschland der Sturm heult und die Schneeflocken Stadt und Feld mit einem Leichentuche überdecken, auf dem nur die Boten des Winters, die Raben und Krähen, lustig hin= und herhüpfen, wenn die Mutter mit den Kindern in warmer Stube vor dem traulichen Kamine sitzt und ihres lieben Sohnes in weiter Ferne gedenkt: da bleibt wohl der Heißersehnte auf den Gängen der Esbekieh gedankenvoll stehen, bricht eine Rose oder Myrthe vom blühenden Strauch und denkt mit tausend innigen Wünschen an die Lieben in der Heimath, die jetzt im warmen Zimmer vor dem rauhen Boreas Schutz suchen müssen.

Er steckt die Rose und die Myrthe ein, und ist er zurückgekehrt, so gibt er der Mutter die verwelkten getrockneten Blumen mit den Worten: Nimm, Mutter, die Januar= Rose und Myrthe der Esbekieh in Kairo.

Die Gäste, welche an der Hauptpromenade der Esbekieh vor ihren Tischen sitzen, gemächlich ihren Kaffee oder Rosoglio oder syropo di gomma einschlürfen, und dazu den scharfen Rauch der persischen Wasserpfeife in die Luft blasen, haben das Vergnügen, die ganze vornehme Welt Kairo's, Damen und Herren, Orientalen, Levantiner und Europäer an sich vorübergehen zu sehen. Zahllose Bettler, meistens bejahrte blinde Frauen und Männer, die von Kindern geleitet werden, bitten um Gottes und des Propheten willen um ein Bakschisch. „Geh' einmal zu Deinen Landsleuten", erwiderte ich eines Tages einem Bettler, der mich täglich auf das Zudringlichste um ein Almosen gequält hatte, und schnell und witzig antwortete er: „O mein Gebieter, Gott lasse Dich zu unserm Heile lange leben, gehörst Du nicht

zu den Söhnen Adams!" Mit treffendem Witze wies er
auf meine Abstammung als Mensch hin, und lächelnd reichte
ich als Urenkel Adams meinem Bruder vom selben Stamme
das Almosen.

Zu den mannigfachen Zerstreuungen, welche den Aufenthalt auf der Esbekieh verkürzen, gehört vor allen die wunderliche Thierfamilie des herumziehenden Kuregati, die aus
einem oder mehreren Affen, einem Esel, einem Hunde, einer
Ziege und einigen Schlangen besteht. Der Affe tanzt,
schlägt das Tamburin, reitet den Hund und Esel, und sammelt zuletzt Geld von den Zuschauern ein. Fortwährend
mit ya walid soeir „o kleiner Knabe" angerufen, muß er
die Schlangen aus dem Sacke ziehen, in welchem sie zu-
sammengerollt daliegen, und der Ziege kleine Klötze unter
die Beine schieben, so daß ihre vier Füße wie zusammenge-
bunden auf einem kleinen Raume dicht beieinander stehen.

Auf der breiten Straße für Wagen und Reiter, neben
dem Platze der Esbekieh, zieht eine Abtheilung kriegerisch
aussehender Baschi Bozuks vorbei, an ihrer Spitze zwei Pau-
kenschläger, welche unaufhörlich und tactlos auf einige Pau-
ken losschlagen. Die Leute der kleinen Abtheilung sind bis
auf ein buntroth gekleidetes Mitglied grün uniformirt. Einer
trägt, offenbar zum Staat, einen englischen Regenrock, andere tragen statt der Reiterstiefeln rothe Pantoffeln und
haben die Stiefeln ausgezogen und an den Sattelknopf ge-
hängt. Der Officier an der Spitze kaut behaglich an einem
Stück Zuckerrohr, ein Soldat hinter ihm ißt einen großen

Ziegenkäse und ein anderer steckt sich an der brennenden
Pfeife eines vorübergehenden Arabers eine Cigarre an. So
reiten die Truppen des Vice-Königs zu irgend einer Uebung
aus Kairo hinaus, über die Stelle hinweg, wo einst ein
Thor stand. Der verstorbene Vice-König Aegyptens hat
nämlich die neueren Stadtthore Kairo's, aus einer sonderbaren Antipathie gegen Stadtthore, sämmtlich schleifen lassen.

Die Schatten der Abendsonne, welche mit blutrothem
Scheine hinter den Gebüschen der reizenden Nilinsel Rodah
verschwindet, werden immer länger und die Finsterniß breitet sich plötzlich wie ein Schleier über das unruhige Kairo
aus.

In leuchtender Pracht tauchen die ewigen Lichter am
nächtlichen Himmel auf. Nur noch in dunklen, kaum erkenn-
baren Formen zeichnen sich die Umrisse der Häuser am
Himmel ab, während das Rauschen der Palmenwipfel all-
mählich verstummt. Der kühlende Nordwind legt sich des
Abends zur Ruh, um mit erneuerter Kraft am Morgen
lustig in die Segel der Nilbarken zu blasen, welche jetzt
müßig an den hohen Ufern des Nils hin und her schaukeln.
Der Gesang des Moeddins von den Minarets herab fordert
die frommen Anhänger des Propheten beim Anbruch der
Nacht zum Gebet auf, dem vorletzten von den fünften, welche
der Koran vorschreibt. Die großen, schweren, mit Eisen be-
schlagenen Thüren, welche die einzelnen Viertel der Stadt
von einander trennen, schlagen die Wächter zu, schieben den
mächtigen Riegel-Balken vor, und geben sich und ihr Viertel

in den Schutz Gottes und seines Propheten. Dann hocken
sie sich, ihre Pfeife schmauchend, auf den Boden hin, um
auf den Ruf und das Klopfen eines späten Bewohners gegen
das unvermeidliche Bakschisch Einlaß zu gewähren. Wie
Leuchtwürmer tauchen in der Finsterniß hin= und herwan=
delnde Lichter auf. Wir gehen näher und überzeugen uns,
daß jeder Bewohner Kairo's nach Sonnenuntergang nur mit
einer Papierlaterne gehen darf, die ihn vor der Nachtwache
schützt, welche eifrig nach dem Gesindel umherspäht, das nur
im Schutze der Finsterniß, mit Diebeslaternen versehen,
seinen Geschäften nachschleicht. Wir gehen die lange Straße
des Koptenviertels entlang, steigen über die Leiber schlafen=
der Hunde und schnarchender Wächter hinweg und gelangen
zu jenem Kaffee, woselbst, von wenigen Oellämpchen erleuch=
tet, der eifrige Wirth und sein Knabe den beturbanten Gästen,
die ringsherum auf Ankarebs sitzen, den Mokka verabreicht.
Auf dem Feuerheerde steht die große Blechkanne, die von
Holzkohlen erwärmt wird, welche der Knabe, den Flederwisch
hin= und herbewegend, in steter Glut erhält. Das Gemach
des Kafé's ist nur klein, von Rauch und Schwel erfüllt,
die nach der Straße gekehrte Holzwand ist von durchbroche=
nem Holzwerk mit Bögen versehen. Die größte Häfte der
Gäste, die nur den niederen Ständen Kairo's, aber dem
Aegypter von echtem Geblüt, angehören, sitzt auf der Straße,
sorgsam sich umschauend, ob nicht ein schlafender Hund ihr
Gewand berühre und es dadurch verunreinige. Sie schlürfen
ihren Kaffee, rufen den Wirth, wenn das Täßchen ausge=

trunken, mit den Worten melîun „er ist voll", um augenscheinlich
gerade das Gegentheil auszudrücken, ziehen den Dampf aus
der kollernden Wasserpfeife oder dem gewöhnlichen Schibuk
ein, während jener in der Ecke dort sich aus der Goseh das
unerlaubte Vergnügen des Haschischrauchens bereitet. Auf
das Höchlichste ergötzt, mit den Augen wohlgefällig blickend
und den Kopf wie im Takte neigend, hören sie den Erzählungen eines Bänkelsängers zu¹, der ihnen die Abenteuer
alter arabischer Helden, Antar an der Spitze, in gereimter
Prosa recitirt und mit der Dichterviole die herzstärkendsten
Verse begleitet. Allgemeines Seufzen, das sonderbare Zeichen des ungetheiltesten Beifalls, das hier und da ein langgedehntes Allah! (Gott) unterbricht, belohnt den Erzähler
und Sänger nach jedem Abschnitte.

Endlich steigt der Sänger vom Estrich hernieder, nimmt
die Viole unter den Arm, zündet das Licht seiner Laterne
an, und wandert nach Hause, während der Wirth die Lämp-
chen seiner Bude auslöscht, sich in sein Gewand hüllt und
zum Schlafe auf den Estrich streckt. Einer nach dem andern
verlassen die Gäste das Kaffeehaus. Durch die engen, dun-
keln Gassen, deren Häuserwände matt vom Licht der Laterne
erhellt sind, wanken sie schlürfenden Fußes nach Hause.
Jedes Geräusch, jede plötzliche Erscheinung, mag ein Steinchen vom Dache fallen, oder ein Hund oder Katze ihnen in
den Weg treten, oder eine Sternschnuppe am Himmel auf-
blitzen, macht sie zusammenschrecken. Ein kräftiges Stoß-
gebet gegen die bösen Geister oder die Ginnî und ihren

Obersten, den Iblis oder Teufel, murmeln sie unverständlich
zwischen den Zähnen, in dem sie kaum hörbar die Worte
über die Lippen pressen: „Gott schütze uns vor ihren Bos=
heiten! Konnte nicht der Stein von dem bösen Geist herab=
geworfen sein oder ein solcher in den Hund oder die Katze
gefahren sein, und ist nicht die Sternschnuppe ein böser
Pfeil, den Gott gegen den bösen Ginni schleudert? Möge
Allah den Feind des Glaubens damit durchbohren!"

Unter solchen Gesprächen, welche Zeugniß ablegen von
dem krassen Aberglauben der Aegypter, erreichen sie ihr
Haus, klopfen mit dem eisernen Schlägel mehrmals an die
Thür, um Einlaß zu begehren. Sie verschwinden endlich
hinter der geschlossenen Pforte und mit ihnen ist die Gasse
öde und leer.

Der Kairenser geht früh zur Ruh, etwa um 8 oder
9 Uhr unserer Zeit nach. So sehr er in seinen dichteri=
schen Phantasieen für die Nacht eine fast schwärmerische
Begeisterung zeigt, so wenig entspricht er dem Worte durch
die That. Nur da, wo besondere „Phantasieen" oder Lust=
barkeiten seiner harren, verschmäht er es nicht bis zur Mit=
ternacht aufzubleiben.

Wir ziehen unsere Straße weiter. Hier und da tönen
die rasselnden Klänge der Darabuke, welche den Gesang der
ägyptischen Tänzerinnen begleiten, die in dem Hause irgend
eines ägyptischen Wüstlings oder vor einem Harem ihre
lüsternen Tänze aufführen. Bei dem türkischen Karaul oder
Wachtposten vorbei, der uns sein Kimindero „Wer da"? zu=

ruft und mit unserer Antwort ibn el belled „ein Sohn der
Stadt" zufrieden gestellt ist, biegen wir in die Nebenstraße
ein, wo die sonore Stimme des Wächters den Ewigen mit
den schönen durch die Nacht hinhallenden Worten besingt:
„ich preise die Vollkommenheiten des lebendigen Königs, der
nicht schläft und nicht stirbt."

Gespensterhaft glänzen im bleichen Mondenscheine die
weiß angestrichenen Häuser der Esbekieh mit ihrem durch=
brochenen Fensterwerk und ihren hervorspringenden Erkern,
in zitternden Umrissen zeichnen sich die nickenden Gipfel der
Dattelpalmen an dem dunklen Nachthimmel ab, während
furchtsam flatternde Nachtvögel mitunter die Stille der heili=
gen Nacht unterbrechen.

Wir haben endlich unser Ziel erreicht, klopfen mit dem
eisernen Schlägel an die wohlgeschlossene Hausthür, welche
schlaftrunken der arabische Pförtner öffnet, um uns einzu=
lassen. Müde legen wir das Haupt auf die Kissen, um von
Kairo und Tausend und eine Nacht zu träumen.

Das Nilboot.

In unserer Zeit, wo die eiserne Schiene und der Dampf das Hinderniß großer Entfernungen beseitigt hat, gehört eine Reise nach dem Nilthale zu jenen alltäglichen Begebenheiten, die in England und Frankreich nach gerade Mode geworden sind und die auch in unserer deutschen Heimath anfangen, ein immer zahlreicheres reiselustiges Publikum anzulocken. Und in der That verdient kein Land mehr den Vorzug eines Reisezieles, als gerade Aegypten. Die Physiognomie des so merkwürdigen Erdstriches, welchen der Reisende nach einer fünf- bis achttägigen Seefahrt von den Häfen Deutschlands und Frankreichs aus zu erreichen im Stande ist, bietet ihm gleich beim Eintritt so überraschende Gegensätze dar, daß ein bloßer Besuch der Städte Alexandria und Kairo, die sich etwa wie Berlin und Stettin zu dem

Binnenlande verhalten, die Mühen und Kosten der Reise hinlänglich lohnt. Wenn der Tourist auf seinem Wege bis zu den europäischen Einschiffungs-Häfen die winterlichen Stürme hat brausen hören, wenn er die dichte Schneedecke gesehen, die auf Stadt und Land wie ein blendendes Leichentuch liegt, während das halblichte Grau des December-Himmels das traurige Düster des landschaftlichen Lebens nur noch vermehrt, muß es ihn da nicht wunderbar überraschen, acht Tage später unter dem dichten grünen Laubdache blühender Bäume einherwandeln zu können in der milden Luft eines wohlthuenden Frühlings, unter dem reinsten Blau des ewig heiteren ägyptischen Himmels? Muß es ihn nicht in Entzücken versetzen, in den reizenden Gärten Schubra's, die ein schattiger Weg mit den nächsten Thoren Kairo's verbindet, hier die stille Myrthe, dort die duftende Rose zu pflücken, während an jenen Bäumen die reifen Früchte einladend zum Genuß winken? Fast wie ein schwerer Traum taucht in solchen Augenblicken innigster Lust und Freude Europa in düsteren Farben in seiner Erinnerung auf, und nur die brennende, dörrende Sonne des ägyptischen Sommers vermag ihm die Sehnsucht zu erregen nach den kühlen, schattigen Wäldern und dem frischen Wiesenteppich des heimathlichen Mutterlandes. Aber nicht durch den Himmel, nicht durch das milde Klima allein verdient Aegypten im vollsten Maße den Vorzug einer Winterreise, sondern auch durch die Leiden und Freuden des Lebens auf dem Nilboote wird der Reiz dazu noch bei Weitem erhöht. Welch ein unerschöpflicher Stoff liegt nicht in diesem einen Worte „das Nilboot" verborgen? Die größte Lust und der bitterste Aerger, der ausgelassenste Humor und die entsetzlichste Langeweile, himmlischer Friede und teuflischer Streit, eine ganze Legion von Gemüths=Affecten, die in den schreiendsten Gegensätzen auf den froh=traurigen Nil=Reisenden einstürmen und ihm den gründ=lichsten Beweis liefern, daß das Facit der ganzen Reise nur aus zwei Hauptfactoren, dem kleinen Gelde und der größten Geduld besteht, bilden die Folie des Lebens auf dem Nilboote, dessen grelle Farben bis in das späteste Alter hinein sich nie aus der Erinnerung verwischen werden.

Ich versetze meine Leser mit einem Zaubersprunge nach Bulak, der Hafenstadt Kairo's. Hart an dem Ufer des Nil gelegen, ist dieser Ort seiner malerischen Lage wegen, mehr als einem Künstler die unschuldige Veranlassung geworden, von dem arabischen Janhagel mit bösen Fluchreden und noch schlimmeren Erdklößen verfolgt zu werden. Es ist früher Morgen. Ruhig und still fließt der Nil zwischen den hohen Ufern seines Bettes dahin, kein Lüftchen kräu=selt die spiegelglatte Fläche seines Wassers. Graue Däm=merung verschließt die Aussicht nach der Ferne hin, und nur mit Mühe läßt sich eine lange Reihe von Häusern längs des Ufers erkennen, vor denen ganze Rudel von Hunden oder Bettler und arabisches Schiffervolk auf der bloßen Erde ruhen, während hier und da ein Schläfer auf dem erhöhten Ankareb von Palmenholz in tiefen Morgenschlum=

men versunken ist. Aber kaum erhebt sich im Osten der äußerste Rand der glühenden Sonnenscheibe, langsam und majestätisch an dem welligen Horizonte der arabischen Wüste emportauchend, um mit wunderbarem Purpurschimmer die zackigen Gipfel des öden Mokattam zu übergießen, an dessen Fuße, in Dämmerung gehüllt, die hochgeehrte Stadt der Kalifen schlummert, da ertönen von den luftigen Minarets zahlreicher Moscheen durch die heilige Stille des Morgens hin die ernsten, feierlichen Klänge der blinden Thürmer, um den Gläubigen des Propheten den Preis und die Vollkommenheiten Gottes zu verkünden und sie zum Wachen aufzufordern, da Gebet besser denn Schlaf sei.

Das Lichtmeer, welches die kurze Morgendämmerung mit jenem plötzlichen Wechsel verscheucht, der nur den tropischen Zonen eigen ist, wo die Morgen- und Abendröthe unserer Heimath unbekannte Phänomene sind, dieses blendende Lichtmeer hat die Schläfer wirksamer, als die Stimme der Sänger aus der Ruhe erweckt und einen neuen Tag ihrem trägen Leben hinzugefügt. Die frommen Muslemin verrichten zunächst das erste der vom Koran vorgeschriebenen fünf täglichen Gebete, nachdem sie sich Gesicht, Hände und Füße in der gebotenen Weise, fromme Sprüche murmelnd, mit Wasser gereinigt haben. Der Pascha in seinem Serail, der reiche Effendi in seinem Hause, der arme Araber auf der Straße und der muntere Schiffer auf seinem Boote, jeder wendet mit frommen Geberden das Antlitz in die Richtung nach Mekka und leitet mit den Worten: „Allahu

akbar: Gott ist sehr groß" sein Gebet ein, das er bald
stehend, bald liegend, bald die Hände erhebend, bald sie sen=
kend, halblaut vor sich hinspricht. Ein leiser Nordwind be=
ginnt allmälig zu wehen und setzt die zahlreichen Schiffe,
welche, von jeder Gestalt und zu allen Zwecken des Trans=
portes dienend, in dichten Reihen nebeneinander am Ufer
angepflockt sind, in eine schaukelnde Bewegung, daß das
Seitenholz der Planken mit lautem Knarren gegeneinander
gerieben wird. An und auf den Schiffen bringt jede neue
Minute neues Leben, neue Bewegung; dort werden Elephan=
tenzähne und Gummi ausgeladen, welche der braune Gelláb
weither von den Ländern des Suban nach Cairo geführt
hat, während hier Weizen und Gerste, Mais und Durra
eingeladen wird, um nach Alexandrien in die Speicher reicher
Kaufmannshäuser gebracht zu werden; hier prügelt ein Rais
oder arabischer Schiffs=Capitain seine Matrosen durch, die
sich mit langen Sätzen vom Schiff auf das steile Ufer retten,
um mit stiller Ergebung in das Unvermeidliche eine Stunde
darauf wiederzukehren. Arabische Mädchen in ihrer ein=
fachen Bekleidung, die Arme und Hände mit plumpen sil=
bernen Spangen und Ringen geschmückt, steigen den alten
Gang vom Ufer zum Strome hinab, um Wasser für den
Tagesbedarf in den großen steinernen Krug zu schöpfen,
den sie hernach auf das Haupt setzen und im elastischen
Gange zur niederen Hütte tragen. Der arme Wasserträger
füllt in gebückter Stellung seinen Ziegenschlauch mit Wasser,
verbindet ihn sorgsam mit den ledernen Riemen, um seinen

Inhalt mit dem lauten Rufe: „möge Gott mir Ersatz geben"
den Bewohnern in der Hafen-Stadt zum Verkauf anzubie=
ten, wo allmälig das orientale Leben und Treiben jene an=
ziehende Färbung des Seltsamen und Bunten gewinnt, die
unzertrennlich vom Morgenländer und seinem Charakter ist.
Vor einem Korbe süß schmeckender, saftiger Apfelsinen sitzt
dort die blutarme Fellache. Sie ist mit einem einzigen
blauen Gewande bekleidet, aber trotz ihrer Armuth hat sie
sich auf das Koketteste nach Landessitte bemalt und geschmückt.
Die Augen des grün gezeichneten, gebräunten Gesichtes sind
mit Kochel schwarz gefärbt, ein silberner Ring hängt ihr
um den Hals, während silberne Spangen an ihren Armen
prangen und Ringe desselben Metalls in ihrer Nase, an
ihren Ohrläppchen und an ihren mit der Hennapflanze braun
gefärbten Fingern blitzen. Besorgt zieht sie bei dem Anblick
der Europäer den Kopfzipfel ihres Kleides über die Augen,
den bösen Blick fürchtend, ruft aber dennoch dem Vorüber=
gehenden mit lauter Stimme die üblichen Worte des Oran=
genverkäufers zu: „Honig, o Apfelsinen, Honig!" Da wer=
den Rosen feil geboten mit der mystischen Anpreisung: „die
Rose war ein Dorn, vom Schweiße des Propheten ist er
aufgeblüht." Hier steht eine einzelne Dame in ihrem bau=
schigen, schwarzseidenen Ueberwurfe, den weißen Schleier vor
das Gesicht gezogen, aus dem die schwarzen, feurigen Augen
euch bald anlachen, bald verächtlich zu durchbohren scheinen.
Eine schwarze Dienerin, ganz in Schneeweiß gehüllt, beglei=
tet sie. Ein kleines Mädchen, das sich ihnen nähert, bietet

Hennablumen an mit den Worten: „o meine Gebieterin! Düfte des Paradieses, Blumen der Henna!" Jener Mann aber mit seinem Korbe voll Zuckerwerk ruft euch zu: „Für einen Nagel, o Zuckerwerk!" Das ist ein schlimmer Gesell, da er die Kinder und Dienstboten veranlaßt, Nägel und andere Kleinigkeiten aus dem Hause zu stehlen, um dieselben gegen seine Waare umzusetzen. Eine Art von Gemüse, Tonnus genannt, wird mit den Worten feil geboten: „o wie süß das kleine Söhnchen des Flusses!" die Citrone dagegen mit dem Ausrufe: „Gott mache sie leicht, o Citrone!" und die gerösteten Kerne einer Art Wassermelone mit dem Schrei: „o Tröster Dessen, der in Noth, o Kerne!" Dort zieht eine Heerde krummnasiger, langhaariger Ziegen vorüber, hinter ihr die Verkäuferin der Ziegenmilch, welche fortdauernd ya leben „o Milch" schreit. Dort stürzt ein wilder Haufe schwarzhäutiger Büffel in das Wasser hinein, während jene Schaar leichtfüßiger Esel mächtige Staubwolken am Ufer emporwirbeln läßt und seinen Durst neben der Büffelheerde löscht. Mit dem laut tönenden Geschrei und Gesang, ohne welchen hier zu Lande keine, auch nicht die kleinste Arbeit verrichtet wird, werden hier zum Bau eines neuen Hauses Steine und Holz von Weibern und Kindern herbeigeschleppt, während der eigentliche Maurer mit dem landesüblichen Zunder, aus getrocknetem Pflanzenmark bestehend, seine Pfeife mit derselben stoischen Ruhe anzündet, die unsern Maurern und ihrem nassen Schwamm einen sprüchwörtlich gewordenen Ruf im Munde des Volkes verschafft haben. — Aegypten

ist das Land der seltsamsten Extreme, die sich hier ebenso
schnell berühren und mischen, als sie sich trennen und von
einander scheiden. Ein auffallendes Beispiel bietet die braun=
häutige Kaste des Schiffervolkes dar, das von allen Aegyp=
tern unstreitig das fleißigste und faulste, das sanftmüthigste
und brutalste Geschlecht ist, auf das die ägyptische Sonne
herniederscheint. Betrachte mir doch Einer jene laut schwatzende
Gruppe von Schiffern, die nur mit einem Gewande be=
kleidet, auf dem Ankareb des schmutzigen Kaffeehauses sitzen,
den schwarzen Trank aus kleinen Täßchen laut schmatzend
hinunterschlürfen und aus dem langen Schibuck oder der
bauchigen Gose den Dampf des einheimischen belledi-Ta=
backes oder des persischen Tambaki in die Luft blasen, als
seien sie so frei, wie der Pascha in seinem Serail. Und
doch muß man wissen, daß sie sehnsüchtig von jenen Reisen=
den erwartet werden, die noch heute in der Frühe auf dem
gemietheten Nilboote eine Reise in das obere Land antre=
ten wollen und voller Unruhe ihrer nöthigen Schiffsmann=
schaft harren. Lustig bläst der günstigste Wind von Norden
her, das Nilboot hin und herschaukelnd, während die Herren
Reisenden ohne Schiffer die alleinigen Bewohner des Bootes
sind und fast neidisch auf die zahlreichen Schiffe hinblicken,
deren schwellende dreieckige Segel im schnellen Fluge vor
den Augen der geärgerten Franken vorbeiziehen. Nach und
nach findet sich im Verlauf von Stunden der eine oder der
andere Matrose ein, keuchend und laufend, als habe er die
schwierigste Arbeit der Welt vollbracht; zum Schlusse er=

scheint der Rais, der Capitain des Nilbootes, auf welchen
sich zunächst die Vorwürfe der Reisenden häufen. „Bei dem
Leben Eures Hauptes", erwidert er gelassen, „es war noch
viel zu thun, aber so Gott will, werden wir gegen Abend
abfahren können!" „So Gott will! inschallah!" brüllt ihm
im Chorus der Matrosenhaufe nach. „Wie, gegen Abend?"
entgegnen ihm die Reisenden. „Steht nicht im Contract
geschrieben, daß das Boot heute früh zur Abfahrt fertig
sein solle? Ist das nicht vom Consul geschrieben und be=
stätigt, und wir sollen jetzt bis zum Abend warten, nachdem
der ganze Morgen verstrichen ist? Siehst Du nicht den
prächtigen Wind, der uns in einer Stunde längst bis nach
Giseh gebracht haben würde?" — Gott ist barmherzig!"
erwidert mit derselben Ruhe der Rais, „er erhalte euch den
Consul bei langem Leben. Jetzt abzufahren, ist unmöglich.
Abfahrt am Morgen bringt Kummer und Sorgen! und ist
heute nicht das große Fest der Schlachtung, an welchem
Ibrahim seinen Sohn Isaak Gott opferte und jeder fromme
Muslim seinen Hammel vor der Thür seines Hauses oder
auf dem Schiffe schlachtet? O Hawagat, denket an Ibra=
him, schenket uns einen Hammel und die Reise wird sehr
glücklich werden, in 14 Tagen werden wir in Assuan sein,
so Gott will! inschallah!" Das wird nun vom Munde
Aller wiederholt. Der Araber kennt den Werth der Zeit
nicht, die Reisenden haben die erste Geduldsprobe in Aegyp=
ten zu bestehen, und während sie in stiller Resignation den
Beutel ziehen, um dem Schiffervolke den gewünschten Opfer=

hammel zu zahlen, geht die Hälfte der Mannschaft, angeblich
zum Ankauf des Thieres, auf's Neue an's Land, die andere
Hälfte legt sich zum Schlafe nieder, und es bleibt den wer=
then Reisenden überlassen, in einer Atmosphäre von Staub
und Sonnengluth den ganzen lieben Tag auf dem Schiffe
zu sitzen, das wir uns in bequemster Ruhe betrachten können.

Alle Geschäfte, welche mit dem Personen= und Waaren=
transporte in Verbindung stehen, werden in Aegypten auf
der großen Wasserstraße des Niles betrieben. Die Beför=
derung zu Lande ist zunächst aus Mangel an Landstraßen
rein unmöglich. Bereits im Alterthume war der Nil, der
in langer, oft vielfach gewundener Linie das Land durchfließt,
die einzige Straße; der Begriff der Locomotive knüpfte sich
so eng an diesen Wasserweg, daß sich die alten Aegypter in
ihren theologischen Anschauungen selbst die höchste Gott=
heit, den Sonnengott Ra, auf einem himmlischen Nil, in
einem Nilboote von Osten nach Westen fahrend, vorstellten.
Unter den Schiffen, welche heut zu Tage als Mittel des
Personentransportes dienen, nimmt die sogenannte Dahabieh,
wörtlich „die goldene", den ersten Rang ein, ein wahres
schwimmendes Haus auf dem Nil, das beliebte Schiff der
europäischen Reisenden. Den Hauptantheil des bequemen
Nilbootes bildet die Kajüte, aus einem Wohnzimmer, einem
Badezimmer und einem Schlafzimmer bestehend, mit Glas=
fenstern, Vorhängen, Divans und Wand=Spindchen versehen;
oben auf dem Hintertheil derselben hockt der Steuermann
ganz dicht neben der Flaggenstange, an welcher ein kleines

Segel, Belikon genannt, befestigt ist. Vor der Kajüte ist
der längste Raum des ganzen Nilbootes. Hier handthieren
Rais und Matrosen, wiewohl sie sich nur bis zu einer gewissen Grenze dem Vorraum der Kajüte nähern dürfen.
An dem Vordertheil des Schiffes, neben dem Mastbaum,
welcher das große lateinische Segel trägt, ist die einfach
construirte Küche angebracht, in welcher der arabische Koch
in hockender Stellung seine Kunstfertigkeit bewährt, während
in einiger Entfernung durch den großen Wasserkrug, sir genannt, das Nilwasser rein und klar durchsickert. An dem
Mastbaume hängt die thönerne Handtrommel oder die Darabuka neben dem bunt ausgelegten Tambourin, Beides
Lieblingsinstrumente der arabischen Virtuosen auf dem Nile.
Außer dem Rais, dem Führer des Schiffes, und etwa einem
Dutzend von Matrosen, die aus Aegypten, Nubien oder dem
Sudan gebürtig sind und sich in allen Hautfarben präsen-
tiren, sind der Koch und der Dragoman nothwendige Begleiter der Reise. Der letztere ist entbehrlich, wenn der
Reisende der arabischen Sprache mächtig ist. Ist das nicht
der Fall, so muß ein Drogoman oder Dolmetscher gemiethet
werden. Es finden sich davon so viele in Alexandrien oder
Kairo, daß sie, wie im Alterthum, eine förmliche Kaste bilden. Sie sind listig, verschlagen, betrügerisch, kriechend und
wissen dem Reisenden auf alle mögliche Weise das Geld
aus der Tasche zu locken. Viele davon gehören dem gebildeten, aber verarmten Araberthume an; es sind arme Gelehrte, von denen mancher sich rühmt, arabische Werke oder

Ueberſetzungen aus dem Arabiſchen oder in das Arabiſche gemacht zu haben. Die fremden Sprachen, meiſt franzöſiſch und engliſch, haben ſie durch den Umgang mit Reiſenden oder auf europäiſchen Schulen kennen gelernt, wohin ſie auf Befehl der Vice=Könige ihrer Ausbildung wegen geſandt worden waren. Können ſie nach ihrer Rückkehr in das Heimathsland die erworbenen Kenntniſſe nicht verwerthen, oder erhalten ſie Stellungen, die ihnen nicht zuſagen, ſo werden ſie Diener oder Dolmetſcher der Europäer zu Lande und zu Waſſer. Baron Neimans, der leider in der Blüthe ſeines Lebens in Cairo verſtorbene Reiſende, der ſich die Auffindung des unglücklichen Dr. Vogel in Wadai in edler Begeiſterung als Reiſeziel geſetzt hatte, war von einem deutſch ſprechenden Diener begleitet, welcher zur Schaar jener übermüthigen Aegypter gehört hatte, die vor mehreren Jahren in Berlin durch ihre Widerſpenſtigkeit aufgefallen waren. Ich ſelbſt hatte einen franzöſiſch ſprechenden Diener, der in Paris mediciniſche Studien getrieben hatte und vom Vice=Könige Abbas Paſcha zum General=Director ſämmtlicher Schulen des Sudan nach ſeiner Rückkehr erhoben war. Man muß nämlich wiſſen, daß im Sudan wilde Negerhorden in adamitiſchen Zuſtänden leben und eine ſolche Beförderung nur den ironiſch ausgeſprochenen Befehl einer Verbannung enthielt. Der gebildete Mohammed zog es vor, in meine Dienſte zu treten, und ſo hatte ich denn die Ehre, von einem Ex=General=Director ſervirt zu werden. Wie trotz ſeiner Bildung, (er war vier Jahre lang in Paris geweſen), ſeine

Anschauungen noch orientalisch kurios geblieben waren, bewiesen mir mehrere seiner Antworten. Als ich einst in Theben der großen sommerlichen Hitze erlegen war und in meiner Krankheit treu und sorgsam von ihm gepflegt wurde, lobte ich ihn seiner pünktlichen Dienste wegen. „Ja, Herr," erwiderte er naiv, „warum sollte ich Dich nicht pflegen? Wenn Du sterben solltest, wäre ich ja wiederum ohne Nahrung." Er hatte sich kurz vor seiner Abreise mit mir nach Oberägypten verheirathet. Als ich ihn fragte, wie er seine Frau kennen gelernt habe, sagte er mir: „Ich hatte sie vor der Verheirathung nie gesehen. Meiner Mutter hatte ich mitgetheilt, daß ich eine Frau mit den und den Augen, dem und dem Munde, dem und dem Wuchse und von dem und dem Alter haben möchte. Sie hat überall gesucht und endlich in dem Harem eines Arabers eine treffliche Frau gefunden, mit der ich sehr glücklich lebe. Ihr Franken seid unglücklicher daran; Euer Verstand wird stets vom eigenen Auge bestochen, während das Mutterauge ganz anders prüft, da sie mit Besonnenheit und Ruhe bei ihrer Wahl, nur für das Glück des Sohnes bedacht, zu Werke geht." Ich mußte über diese Art von Commission lächeln, bin aber fest überzeugt, daß ihm manche europäische Mutter Recht gegeben hätte. Außer diesen Personen, welche zum Dienst der Reisenden stehen, giebt es auf dem Nilboote andere lebende Wesen, die dem Reisenden besonders in der Nacht Gesellschaft leisten und von seinem Hab und Gut, von dem Zucker und Reis an bis zu den ledernen Koffern hin, in der um=

fangreichsten Weise zehren. Vor allen sind dahin die großen
Wasserratten zu zählen, die bei Nacht so tolle Sprünge zu
machen pflegen, daß sie selbst die Lagerstätte und den schlafenden Körper der Reisenden als Platz ihrer Exercitien
wählen. Um sich einigermaßen vor ihren Zudringlichkeiten
zu retten, muß der arme Reisende eine neue Art von Ge-
sellschafter aus dem Katzen-, Ichneumonen- oder Affenge-
schlechte zuziehen, als erbfeindliches Gegengift wider das
Rattengeschlecht und deren wüstes nächtliches Treiben.

Inzwischen ist die Sonne immer höher und höher gestiegen, die Thürmer haben bereits von den Minarets zum
Mittaggebet gerufen. Die Schiffsmannschaft, welche zum
Kauf des Opferhammels ausgegangen war, ist immer noch
nicht zurückgekehrt. Der Rais des Nilbootes erbietet sich,
die Schiffer in den Straßen der Hafenstadt Bulak zu suchen. Man sendet ihn aus. Ganze Stunden verfließen
auf's Neue und bereits hat der Thürmer die Gläubigen
zum Nachmittaggebet aufgefordert, aber vom Rais und den
Matrosen ist keine Spur zu sehen noch zu hören. Die ungeduldigen Reisenden müssen das Schiff verlassen, um die
zerstreute Heerde selber zu sammeln. Nach langem Suchen
finden sie die Vermißten insgesammt in einem Kaffeehause
sitzend und den Romanen eines Erzählers zuhörend, der
seine Märchengeschichten mit den kläglich jammernden Tönen der arabischen Viola unterschiedliche Male begleitet.
Das Wiedersehen zwischen den Reisenden und der abtrün-
nigen Schiffsmannschaft nimmt insofern den Charakter des

Rührigen an, als die ersteren, die Rolle der Geduldsengel
aufgebend, den ägyptischen Kurbatsch, eine aus der Haut
des dickfelligsten Thieres, des Hippopotamus, geschnittene
Peitsche, in lauten Schlägen auf den Rücken der ehrsamen
Schiffer fallen lassen, die eiligst Pfeife und Kaffee im Stiche
lassen und den schuldigen Gehorsam nicht mehr versagen.
Sind alle Geduldsproben bis auf's Höchste erschöpft, so
widersteht der gemeine Araber der Nilpferdpeitsche in keiner
Weise.

Schon neigt sich die Sonne dem westlichen Horizonte
zu; endlich ist die Mannschaft versammelt, und es fehlt vom
sonstigen lebenden Inventar der einzige Opferhammel, dessen
klingender Werth sich indeß bereits zu gerechten Theilen
in den Händen der Matrosen befindet. Der schöne Nordwind von der Frühe hat allmälig in seiner Stärke zu blasen aufgehört, so daß der Rais die unmaßgebliche Meinung
äußert, es sei doch besser, da der Abend nahe sei und in
der Nacht Windstille einzutreten pflege, die Abfahrt bis zum
andern Morgen aufzuschieben, wo man „inschallah"
bequemer abreisen könne. Die eigensinnigen Reisenden
lassen sich indeß auf keine weiteren Unterhandlungen ein,
und es wird die schleunigste Abfahrt anbefohlen. Nun
tummelt und rüstet man sich. Unter vielfachem Schreien
und Lärmen wird das Nilboot vom Ufer abgestoßen,
und mit dem lauten Rufe: „ya allah!" („o Gott!")
wird das Schiff in die Strömung gebracht und das
große Segel gelöst und entfaltet. Mit lautem Ge-

plätscher durchschneidet das Boot, von den letzten Stößen
des Abendwindes getrieben, die klaren Fluthen des Nil.
Die Reisenden, welche gewöhnlich mehr Zufall und Noth=
wendigkeit, als Neigung und Wahl als Reisegefährten auf
Wochen und Monate zusammengeführt hat, wünschen sich
gegenseitig Glück zur Fahrt in das obere Land, und die fast
geschwundene Heiterkeit kehrt auf ihre Mienen zurück. Voller
Behagen schauen sie auf die Ufer rechter und linker Hand,
unterhalten sich im Voraus von Krokodilen und bemoosten
Denkmälern oder orientiren sich in dem roth eingebundenen
Murray, dem unvermeidlichen Begleiter aller Nilreisenden.

Zur linken Hand, auf dem östlichen Ufer des Flusses,
gleitet das Nilboot an der stattlichen Reihe von Häusern,
Villen und Serails türkischer Paschas vorbei, deren blen=
dendes Weiß gar seltsam von dem saftigen Grün der Bäume
absticht, aus deren Mitte sie sich in Würfelgestalt erheben.
Darüber hinweg ragt in der Ferne ein Meer von Häusern,
welche die dem Norden zugewandten hölzernen Luftfänge
wie Souffleurkasten auf den platten Dächern zeigen. Zahl=
reiche Moscheen, mit dem Abzeichen des Islam, dem Halb=
mond, auf der Spitze, strecken ihre luftigen Minarets in
den blauen Aether hinein. Ueber Alles majestätisch hebt
sich auf der Spitze des Felsens, der die Citadelle Cairo's
einschließt, vom dunklen Hintergrunde des Mokattam=Gebir=
ges ab die Moschee Mohammed Ali's, zugleich das Grab
und die Gebeine des Stifters der heutigen herrschenden
Dynastie in Aegypten einschließend. In rosig violettem

Lichte spiegeln die Alabasterwände dieses prächtigen Tempels
des Islam, während ihre fast zu schlanken Minarets im
Schimmer der untergehenden Abendsonne den Gläubigen
des Propheten das wahre Zeichen des Islam in weiter
Ferne zeigen. Auf der rechten Seite des Ufers bietet die
Landschaft jenes einfache Bild dar, das sich überall in Aegypten wiederholt und den eigentlichen Charakter des Landes
ausmacht: Mais- und Durra-Felder wechseln mit Palmen-
Gruppen und einzelnen Sykomorenbäumen ab, während die
schwarzen Dörfer der Fellahinen mit ihren hohen Taubenhäusern stellenweise die grünen Flächen unterbrechen und
dem Auge angenehme Ruhepunkte darbieten. Ein langer
gelber Streif im Hintergrunde zeigt uns die Grenze an,
wo das Reich der ungeheuren Wüste beginnt. Hinter dem
Dorfe Giseh erheben sich die Marksteine der Weltgeschichte,
die großen Pyramiden, Grabmäler alter Pharaonen, die sich
gruppenweise, über 70 an der Zahl, bis zu der Landschaft
Fayum, dem Rosengarten Aegyptens, in ununterbrochener
Folge ausdehnen; und wie riesige Zeiger der Natur drehen
sich ihre langen schwarzen Schatten auf dem gelben Sande
des Wüstenplateaus. Die Sonne ist zur Ruhe gegangen,
und der finstere Nachthimmel hat das Licht des Tages in
schnellem Wechsel verdrängt; im weißen, hellen Scheine
tauchen die Sternbilder am ägyptischen Himmel auf, während im flimmernden Glanze das Zodiakal-Licht seine riesige
Pyramide am nördlichen Horizonte aufbaut. Im eiligen
Laufe ziehen die Heerden auf den gewundenen Dämmen

den Hütten der Menschen zu, und bald herrscht eine tiefe Stille im ganzen Nilthale. Von schwachem Winde getrieben, zieht das Nilboot langsam seine Furchen im Wasser. Die Matrosen, müßig auf dem Vordertheil des Bootes hockend, zünden die Schiffslaternen an, in deren Lichte Tausende von Moskitos und schwarzer summender Käfer ihren schleunigen Tod finden. Die Darabuka und das Tambourin steigen vom Flock des Mastbaumes nieder und werden von den Händen der arabischen Schiffer taktförmig in rasselnde Bewegung gesetzt; lauter Gesang, zu dem mit den Händen der Takt geschlagen wird, ertönt aus den Kehlen der munteren Naturkinder. Der Text der Lieder, die sie mit offenbarer Anstrengung hersingen, betrifft stets unglückliche Liebe. Nach ihrer Anschauung ist die Liebe eine Krankheit, von der nur ein Arzt in der Welt heilen kann, und das ist die Geliebte. Aus besonderer Achtung wird nur masculini generis von ihr gesprochen, da, wie es den Anschein hat, in der arabischen Grammatik das weibliche Geschlecht in besonderer Mißachtung steht. Hundertmal wiederholen die Sänger die Worte: „Ya leleh! Ya leleh!" („O Nacht! o Nacht!") und stöhnen dazu, nur aus innerster Befriedigung, so tiefe Seufzer aus, daß ein Uneingeweihter darauf schwören möchte, die ganze Gesellschaft sei in dem Zustande der höchsten Verzweiflung. Seufzen und Stöhnen entspricht indeß bei dem Araber unserem da Capo, wird aber auch oft durch ein langgedehntes „Allah!" („Gott!") ersetzt. Die arabische Musik theilt das Schicksal unserer vielbesprochenen Zukunfts-

muſik, ſie iſt anfänglich europäiſchen Ohren äußerſt zuwider,
allein durch oftmaliges Anhören derſelben gewinnt man leicht
Gefallen und Geſchmack daran und duldet gern den melan=
choliſchen, lamentablen Geſang der Nilſchiffer. Wenn die
Reiſenden ihre Befriedigung über eine derartige muſikaliſche
Soirée den Sängern ausgeſprochen haben, ſo laſſen die
Letzteren elbige im Geſange leben und beſchließen die
ganze Scene mit einem Tanze eigener Art. Ein rüſtiger
junger Burſche, wie alle Matroſen nur mit einem dünnen
Gewande bekleidet, tritt, mit einem dicken Stocke bewaffnet,
in den Kreis der Geſellſchaft, deren Geſicht beim Widerſchein
des Laternenlichtes grinſende Freude ausdrückt; der Tänzer
ſtellt den Stock vor ſich hin, faßt ihn am oberen Ende und
dreht ſich um denſelben herum, wobei er mit ſtampfenden
Füßen und mit den drolligſten Bewegungen aller Glied=
maßen des Körpers den Tanz der ägyptiſchen Gawaſi nach=
zuahmen ſucht. Lautes Freudengeſchrei und langes Lachen
beweiſen, daß die Leiſtungen des improviſirten Tänzers die
Erwartungen der Matroſen übertroffen haben. Er will den
Tanz von Neuem beginnen, immer lauter wird die Dara=
buka geſchlagen, immer toller raſſelt das Tambourin, da
plötzlich ſtürzt der Tänzer zu Boden, die Zuſchauer werden
nach einer Seite hin geſtoßen, und Teller und Gläſer klirren
und klappern in der Kajüte. Der Matroſe, welcher den
Strick hält, mit dem das große Segel an ſeinem unteren
Ende an der inneren Planke des Schiffes befeſtigt iſt, ſchürzt
eiligſt den Knoten auf, das Segel flattert in der Luft, und

das Nilboot schwankt unruhig hin und her. Mit lautem
Rufe springt die ganze Schaar in das Wasser, und mit den
Tönen: „Helissa ja helissa!" stemmen sich die braunen
Gestalten gegen den Bauch des Schiffes, das ein jäher Wind=
stoß auf eine Sandbank geführt hat. Der Rais schreit wie
wahnsinnig: „had essekin!" („gieb das Messer!") endlich
findet er dasselbe, und mit unverständlichem Murmeln führt
er gewaltige Hiebe mit einem großen Küchenmesser gegen
die leere Luft. Mit gerechtem Erstaunen schauen die Rei=
senden die seltsame Handlung an, ohne auf ihre Fragen
von dem geschäftigen Luft=Ritter einer Antwort gewürdigt zu
werden. Der Wind hat sich wieder beruhigt, der Rais legt
das Messer bei Seite und erklärt den erstaunten Reisenden,
daß es ihm mit Gottes Hülfe gelungen sei, den heftigen
Windstoß zu schneiden. Derartige Proceduren gibt es dutzend=
weise bei den Aegyptern, und die Nilschiffer vertrauen den
abergläubischen Handlungen bei Weitem mehr, als den Er=
fahrungen und den geschicktesten Manipulationen ihres Hand=
werks.

Der Mond, welcher am östlichen Horizonte als dunkel=
rothe große Scheibe emporgetaucht ist, und dessen Licht von
den gekräuselten Wellen des Stromes in tausendfachem Far=
benspiel gebrochen wird, gibt der Landschaft einen neuen
Reiz. Die hohen Palmen malen sich wie Silhouetten klar
und scharf im Hintergrunde an dem Nachthimmel ab, die
fernen Dörfer erscheinen wie riesige Gräber der Vorzeit,
und der Nachtvogel, sowie ein zahlloses Heer von Fleder=

mäusen umflattert mit lautem Gekreische das dichte Laub=
dach jener Sykomore, an deren Fuße beim flackernden Feuer
ein Büffel mit verbundenen Augen das knarrende Wasser=
rad dreht. Da der Wind sich vollständig gelegt hat, so muß
die Barke Halt machen, und als Hafen wird der Platz am
hohen Ufer in der Nähe der Schöpfmaschine gewählt. Ma=
trosen springen an's Ufer, schlagen einen Pflock in die Erde,
befestigen daran das Nilboot und zünden von Durrastroh
ein helles Feuer an, um das sich bald die ganze Schaar
im Kreise herumsetzt, um das einfache Mahl zu bereiten
und die Glieder bei der Kühle des Nachtthaues zu erwär=
men. In eine große Schüssel, die den Reisenden zugleich
als Waschgefäß dient, werden die gekochten Bohnen hinein=
geschüttet, und die ganze Gesellschaft taucht die Hände in
den allgemeinen Eßnapf, um das einfache Mahl zu genießen,
das mit den Worten eingeleitet wird: „im Namen Gottes,
des Allerbarmers und des Barmherzigen." Das Geschäft
des Essens ist schneller als jede übrige Arbeit vollendet, und
mit den Worten: „Lob und Preis sei Gott!" fahren sie mit
dem rechten Finger der rechten Hand in der Schüssel herum,
um nichts von der lieben Gottesgabe übrig zu lassen; sie
suchen selbst die kleinsten Brodkrumen von der Erde auf, da
das Brod bei den Muslimen in der höchsten Achtung steht.

Nach der Mahlzeit muß nothwendigerweise geraucht
werden, und die lange Pfeife geht in brüderlicher Eintracht
im Kreise herum. Hier und da zieht es ein Matrose vor,
die ägyptische Wasserpfeife oder die Gose anzuzünden und

sich durch den verbotenen Haschisch in einen berauschenden
Zustand zu versetzen. Zuletzt hüllen sie sich in ihre Burnus
ein und schlafen auf dem offenen Verdeck des Schiffes.

An dem Ufer des Flusses, da, wo das Schiff befestigt ist,
tauchen plötzlich die Gestalten dreier Araber empor, welche mit
Stöcken, Lanzen oder langen Gewehren bewaffnet sind. Wie
alte Bekannte hocken sie am Feuer nieder, langen ihre
Pfeifen hervor, die sie nach arabischer Sitte auf dem Rücken
tragen und zwischen Haut und Gewand gesteckt haben. Es
sind das die Wächter, welche jeder Ort verpflichtet ist, den
Reisenden des Nachts als Wache und Schutz zu stellen.
Hauptsächlich ist es auf das Geldgeschenk abgesehen, das
der Europäer für die liebevolle Sorgfalt widmen muß, die in=
deß einzig und allein darin besteht, daß die Wächter, neben dem
Feuer lang ausgestreckt liegend, den Schlummer der ganzen
übrigen Welt theilen, im Vertrauen auf das gute Ohr der
Reisenden und im Nothfall sogar auf den Schutz der wohl=
bewaffneten Fremden.

Unvergleichlich schön und frisch sind die Wintermorgen
in Oberägypten. Der kühle Nordwind treibt das Nilboot
im raschen Laufe aufwärts, und die Landschaft, wenn auch
einfach in ihren Theilen, bietet dennoch für das Auge an=
genehm wechselnde Bilder in den saftigsten Farbentönen
dar. Hier kriechen aus den schwarzen Erdhütten, aus wel=
chen die Dörfer der Araber bestehen und die aus bloßem
getrockneten Nilschlamm aufgeführt sind, die gebräunten Ge=
stalten der Fellahin hervor, sich zu verschiedenem Tagewerke

rüſtend. Dort ſchreiten langſam und gravitätiſch, mit ihrer
ſchweren Laſt auf dem höckrigen Rücken, lange Reihen von
Kameelen auf den hohen Dämmen einher, während hier
der arme Araber begleitet von Frau und Kind, auf ſeinem
ſchnellfüßigen Eſel ſitzend, zu Markte nach der nächſten Stadt
zieht. Auf munterem Roſſe traben hinter ihm her ein Paar
Söhne der Wüſte, dicht in den kameelhärenen Burnus ge=
hüllt, der uns kaum das hagere, dunkelbraune Antlitz der
Beduinen mit den kleinen Augen erkennen läßt. Ein langes
Gewehr hängt über den Rücken, ein breites Meſſer ſteckt
in dem Gürtel, und die Hand hält den langen Speer, deſſen
Spitze mit einem ſeltſamen Schmucke ſchwarzer Strauß=
federn geziert iſt. Hier wiederum ziehen in friedlicher Ein=
tracht Kameel und Büffel den Pflug, während dort hoch=
beinige weiße Reiher in großen Schaaren an dem äußerſten
Rande des ſteilen Ufers ſitzen, ohne die Nähe des wandern=
den Arabers zu fürchten, der dicht bei ihnen vorüber ſeine
Straße fürbaß zieht, während mit lautem Flügelſchlage un=
ſere europäiſchen Zugvögel dem Süden zueilen. Bald tritt
die Wüſte in der Geſtalt eines felſigen, vegetationsleeren
Bodens bis an das Ufer des Fluſſes heran, dem Cultur=
boden nur ein ſchmales Gebiet überlaſſend, während an an=
deren Stellen die ſteilen, vegetationsleeren Kalkfelſen mit ihren
Gräbern und Grotten aus altägyptiſcher Vorzeit faſt ſenk=
recht in den Fluß abfallen.

In nächſter Nähe fliegt, vom günſtigen Winde getrieben,
das Nilboot vorüber, ohne den Reiſenden Zeit zu gönnen, prü=

fende Blicke auf die menschlichen Spuren der Altzeit zu werfen.
Kleine Inseln, mit wenigem Grün bewachsen, zwischen denen
der geschickte Steuermann das Nilboot hindurchführt, zeigen
uns die Stellen, an welchen Schiffe zu Grunde gegangen sind.
Der erdreiche Nil setzt fortwährend sandige Theile am Wrack
in der Tiefe ab, bis allmälig der künstliche Blau des Flusses
zu einer Insel heranwächst, ein wahrer Leichenhügel des ge=
scheiterten Schiffes. Dort, in der Nähe jener Palmengruppen,
zeigen sich allzudeutlich die traurigen Spuren der letzten Ueber=
schwemmung. So segensreich der jährlich überschwemmende
Nil auf den Culturboden wirkt, indem er, in sein Bett zu=
rücktretend, eine reiche Frucht versprechende Schlammdecke
auf den überschwemmten Landstrecken zurückläßt, so launen=
haft und despotisch wie der Türke, der im Lande regiert, ist
derselbe Strom an anderen Stellen. Da reißt er nicht nur
ganze Strecken bebauten Landes vom Ufer los, sogar ganze
Palmenwälder und die Hütten der Dörfer werden eine
Beute seiner allzumächtigen Fluth. Sehen wir denn nicht
dort eine Menge schöner Palmen, welche bereits in den
Strom gesunken sind, der sie mit Gewalt aus dem Boden
heraustreibt, von welchem sich die faserigen Wurzeln so un=
gern zu trennen scheinen? Liegt nicht ein trauriges Bild
der Verwüstung in dem Anblick jener nächsten Stadt vor
uns, deren eine Hälfte schon in den Fluß versunken ist?
Die Mauern einzelner Häuser sind bereits in den Strom ge=
stürzt, während von jener Moschee kaum die Hälfte stehen
geblieben ist und dem luftigen Minaret über Nacht jähen

Einsturz droht. Und doch wohnen in jenen Häusern Men=
schen, und doch versammeln sich in dem Hofe der Moschee die
frommen Gläubigen des Propheten, und doch besteigt der
Thürmer die schwankende Treppe des Minaret. „Gott ist
barmherzig!" murmeln sie Alle, und jede Furcht vor dem
Tode oder vor Unfall schwindet ihnen bei diesen Trostworten. .

Eine Menge von Schiffen begegnen den Reisenden auf
dem Nil. Boote, schwer beladen mit Getreide, lassen sich
abwärts gen Cairo oder Alexandrien von der Strömung
des Flusses treiben, oder werden in betrügerischer Weise mit
Nil reichlich gewässert; andere führen Waaren des Ober=
landes nilabwärts, während jenes ausgediente, fensterlose
Nilboot, das einst in stolzen Farben wehende Banner rei=
sender Franken bis zu den Cataracten führte, dicht mit
Arabern und Türken, Männern und Frauen, besetzt ist,
welche als Meccapilger nach Kenneh ziehen, um von hier
aus über Kosseir am rothen Meere die Seereise nach der
Stadt des Propheten zu unternehmen. Oft hält das al=
tersschwache, ausgediente Nilboot die Last nicht aus, das
Schiff wird leck und Hunderte der Pilger sterben den Wasser=
tod in den reißenden Fluthen des Niles. Dort zieht ein
eisernes Nilboot mit englischer Flagge vorüber, die Reisen=
den unserer Dahabieh begrüßen dasselbe mit Flintenschüssen,
die der Dragoman der Herren Engländer auf ertheilten
Befehl höflicherweise erwidert, während die Lady auf dem
überdachten Verdecke der Kajüte auf ihrem Flügel die neuesten
Compositionen einübt. Ein drolliges Fahrzeug zieht dort

den Nil langsam abwärts. Tausende von Töpfen, mit ver=
klebten Oeffnungen, sind mit ihren Henkeln verbunden und
lassen sich so als Topfflöße von Kennek, dem besten Topf=
markte, nach Cairo treiben, um da ihre Käufer zu finden.
Dort schwimmen zwei Araber von einem Ufer des Flusses
nach dem anderen in landesüblicher Weise hinüber. Der
eine stemmt die Brust auf einen ausgehöhlten Kürbiß, wäh=
rend der andere den Palmblock als Stütze gewählt hat. Ein
dritter, und diesen Weg habe ich selber durchgemacht, reitet
auf dem breiten Rücken eines Büffels, der, ungeachtet der
Last, kaltblütig und sicher, ja mit Wohlbehagen, den Fluthen
des Stromes Trotz bietet, den Kopf mit den kleinen Augen
und der breiten Schnauze langsam hin und her bewegend.

Nun, und die Krokodile! Fürchtet denn nicht der kühne
Schwimmer und der Reiter im Wasser die verrufenen Nil=
bewohner? Zur Beruhigung aller Nilreisenden kann eine
verneinende Antwort gegeben werden. Die Krokodile, welche
in Oberägypten noch heut zu Tage so zahlreich sind, daß
man sie auf den bloßgelegten Sandbänken des Niles zu
Dutzenden sich sammeln sehen kann, pflegen nicht weiter, als
bis in die Gegend von Beni=suef zu kommen, einige Meilen
oberhalb Cairo. Wie es scheint, hat die europäische In=
dustrie, welche in ganz Unterägypten, bis südwärts nach
Cairo hin, selbst auf dem Wasser eine große Lebensthätig=
keit und Beweglichkeit entfaltet, den Thieren den Aufenthalt
in den unteren Stromgebieten des Niles verleidet, so daß
heut zu Tage nur selten ein Exemplar des Krokodilgeschlechts

nördlich vom 29—30 Breitegrad gesehen wird. Die Ara=
ber wissen aber besser, warum den Krokodilen die Stadt
Beni=suef als Grenze gesetzt ist. Das hat der fromme Schech
in der Nähe des genannten Ortes gethan, den Gott so
geehrt hat, daß er seinen Verstand zu sich in den Himmel
genommen, während der materielle Theil des Körpers hier
noch auf Erden irrt. Dieser Definition zufolge hat man
sich jenen Schech als einen Verrückten vorzustellen, der,
wie alle Idioten, nach orientalischer Vorstellung hierdurch
zu einer heiligen Person geworden ist. Wenn das Nilboot
bei Beni=suef passirt, so kommt der heilige Beschwörer der
Krokodile herangeschwommen, wird ehrfurchtsvoll von den
Matrosen auf's Schiff gezogen, und jeder beeilt sich ihm
die nassen Hände zu küssen. Er streicht sich kaum das vom
Wasser träufelnde lange Haar aus dem Gesichte, dessen
Augen irr und unstät Verlornes zu suchen scheinen. Hat
ihm Jeder der armen Schiffer eine Kleinigkeit geschenkt, so
stürzt er sich wieder in die Fluth und schwimmt den weiten
Weg bis zum Ufer zurück. Die Matrosen aber, beglückt
durch den Besuch des Heiligen, halten nun die Reise für
besonders begünstigt und segnen viel tausendmal den kroko=
bilverscheuchenden Schech. Besonders häufig finden sich
die Krokobile in Oberägypten, in der Nähe von Dendera
und Theben, wo sie auf den Sandbünen oder auf dem
flachen Ufer wie ungeheure schmutziggrüne, 5—10 Ellen
lange Baumstämme nebeneinander und selbst übereinander
baliegen, von Zeit zu Zeit den gierigen Rachen auf= und

zuklappen, während ihnen ein kleiner Reiher beständige Ge=
sellschaft leistet, auf ihrem Schuppenpanzer herumspaziert,
das zahlreiche Ungeziefer daselbst abliest und bei jeder her=
annahenden Gefahr ein lautes Geschrei erhebt. Die Kro=
kodile stürzen sich alsdann mit langsamen Wendungen in
den Strom, daß weißer Schaum aufzischt und mächtige
Wellen über ihren Körper zusammenschlagen. Sie sind den
Menschen nichts weniger als gefährlich, wiewohl es sich bis=
weilen ereignet hat, daß hier und da ein Krokodil nach einem
Aegypter oder Neger geschnappt hat, in der Meinung, es
mit einer besonders großen Art von Amphibie zu thun zu
haben. Das Krokodil ist sehr schwer zu schießen, da jede
Kugel von seinem Panzer abprallt und nur wenige verwund=
bare Stellen an seinem Leibe vorhanden sind. Dazu gehört
vor Allem die Achillesferse der Krokodile, eine Stelle hinter
dem Ohre. Die Aegypter fangen sie in starken Netzen, be=
nutzen aber das Fleisch gar nicht, sondern höhlen den Pan=
zer aus und hängen ihn als probates Schutzmittel gegen
den bösen Blick über den Thüren ihrer Wohnungen auf.
Wenn der Reisende durch eine ägyptische Stadt geht, da
sieht er über den Eingängen, besonders neuer Häuser, bald
ein derartiges ausgehöhltes Krokodil, bald eine Aloëpflanze
befestigt, beides dem ägyptischen Volksglauben zufolge sehr be=
währte Mittel, um den bösen Blick und jegliches Unglück von
den Bewohnern des so geschmückten Hauses fern zu halten.

Weniger gefährlich, als die Krokodile, für die Gesund=
heit oder gar für das liebe Leben unserer Reisenden,

aber doch bis zum höchsten Grade lästig und plagend ist die große Schaar jener geflügelten und ungeflügelten Insecten, welche in allen Abstufungen ihrer Art die aufdringlichen Mitbewohner des Nilbootes sind. Von der langhaarigen und großbeinigen, häßlichen Tarantel an bis zu dem kleinsten, fast unsichtbaren Moskitogeschöpfe hin, bestreben sie sich mit gemeinsamen Kräften, den Reisenden bei Tag und bei Nacht im wahrsten Sinne des Wortes bis auf's Blut zu peinigen, wenn er sich nicht mit großen Dosen des stärksten Insecten= pulvers versehen hat.

Sobald die Sonne untergeht und die Reisenden gezwungen sind, sich in die inneren Gemächer der Kajüte zurückzuziehen, so beginnt das eigentliche Leben dieser ägyptischen Plagegeister. Die Tarantel und langbeinige Spinnen verlassen ihre sicheren Ecken, um Jagd auf Fliegen und Moskitos zu machen; breite und plattgedrückte Schaben, deren Schilder oft einen Durch= messer von ³/₄ Zoll haben, kriechen an den glatten Wänden der Kajüte auf und ab; braune und schwarze Käfer fliegen brum= mend und summend um das Licht der angezündeten Kerzen herum, und der Moskitos stechende Schaar greift mit kühnen Stacheln die fremden Pilger im Nilboote an. Um das Entsetzen zu vermehren, gesellen sich zu diesem fliegenden Haufen jene kleinen Insecten, welche schon zu Moses Zeiten dem Aegyp= ter eine Landplage waren, und die der französische Witz in Aegypten mit dem Namen der kleinen Cavallerie charakte= risirt hat. Haben die Reisenden die mannichfachen Drohun= gen und Schrecken dieser kleinen, aber zahlreichen Umgebung

überwunden und die Augen zum Schlafe geschlossen, so weckt
sie das summende Geräusch und das stechende Jucken, welches
ein fast unsichtbares Thier vom Moskitogeschlechte zum Ur-
heber hat, das im arabischen Volksmunde den Namen führt:
„Akul oskut", zu Deutsch: „Friß=Schweig'." Es gehört
unbeschreibliche Geduld dazu, die ersten Angriffe solcher
Abende und Nächte mit Ruhe zu überwinden, aber Gott ist
barmherzig und der Mensch fügt sich in das Unvermeidliche.
Die Aegypter haben sich an diese Landplagen so sehr ge-
wöhnt, daß sie kaum mehr eine Empfindung davon haben;
nur der Scorpion und manche Art der zahlreichen Schlangen flößen ihnen Furcht und die nöthige Vorsicht ein.

Zu diesen schmerzensreichen Hinderungsmitteln, die in der
ersten Zeit der Reise den Schlaf vom Auge fern halten, ge-
sellt sich ein anderer, wenn auch weniger quälender Uebelstand.
Das laute Belfern und Heulen ganzer Rudel von Schaka-
len, die Hunger und Raublust in die nächste Nähe der
Menschen führt, schallt fast die ganze Nacht hindurch an die
Ohren der schläfrigen Reisenden, die, bang und furchtsam,
Hyänen und andere Raubthiere der Wüste zu hören glauben, bis sie vom kundigen Araber beruhigt werden. Aber
die Lust der Nilreise ist nichts destoweniger so groß, daß
alle jene Schattenseiten vor dem Vergnügen verschwinden,
ja sogar in der Erinnerung einen gewissen Reiz erhalten.

Bald landet das Nilboot an einer oberägyptischen Stadt,
wo sich das Volk, Aegypter, Berberiner und Neger, versammelt, um die reisenden Franken in Augenschein zu nehmen.

Da wird ausgestiegen und in das offene, mit Strohmatten bedeckte Kaffeehaus gegangen, das gegen die Strahlen der Sonne außerdem durch den breiten Schatten der ägypti= schen Sykomore geschützt ist. Höflich erheben sich die ein= gebornen Gäste von ihren Sitzen, um den eintretenden Frem= den ein „Gesegnet sei Euer Kommen!" zuzurufen, während der arabische Wirth sich beeilt, die kleinen Tassen mit Kaffee zu füllen, der auf dem Heerde in der Blechkanne, von schwe= bendem Dampfe umhüllt, nach arabischer Weise zubereitet wird. Halb Kaffeegrund, halb schwarze Flüssigkeit bildet den Inhalt der Tasse, da unsere Weise der Zubereitung den Araber höchlichst befremdet, weil, seiner Meinung nach, Kaffee ja keine Suppe sei. Dem Gaste, welcher dort ruhig mit gekreuzten Beinen auf der Matte sitzt, sehen wir an Mienen und Tracht sogleich den gefürchteten Arnauten an, den tür= kischen Polizeisoldaten, der mit einem einzigen Kantschuh ein ganzes arabisches Dorf zu Paaren treibt. Der türkische, hinten übergeschobene Fez deckt das geschorene Haupt, wäh= rend das verbrannte Gesicht mit den listigen Augen von einem ungeheuren Schnurrbarte beschattet ist. In dem breitem Gürtel, über der einst weißen griechischen Fustanella, strotzt ein ganzes Arsenal von Waffen, als da sind: mit Silber beschlagene Pistolen, Yatagans, Dolche und andere Instrumente, die eben nicht zum Spielen dienen; in den Seitentaschen, die auf der Brust befestigt sind, steckt deut= lich sichtbar ein Dutzend gefüllter Patronen. Sein langes Gewehr mit Feuerschloß liegt neben ihm auf der Matte,

während die reich mit Gold gestickte blutrothe Jacke nach=
lässig von den Schultern herabhängt. Obgleich Muslim,
verschmäht es der gefürchtete Arnaut durchaus nicht, die
Kaffeetasse, anstatt mit Kaffee, mit scharfem, betäubendem
Aquavit füllen zu lassen, da seine Hauptbeschäftigung neben
Erpressung und Schlafen das Trinken von Branntwein und,
sonderbar genug, die Liebe ist. Der Arnaut ist verliebt und
eifersüchtig im höchsten Grade, wiewohl er von den Aegyp=
terinnen nie gern gesehen wird. Geld zu besitzen, scheint
ihm gefährlich, da er jeden Piaster sofort an den Mann
bringt, dieweil er nicht weiß, ob er die folgende Stunde noch
genießen kann. So lebt die Polizei in den Tag hinein, ein
wahres Parasitengeschlecht im Lande der alten Pharaonen.

Besonderes Vergnügen gewährt es ihm, seinen Schibuck
mit ernsthafter Miene rauchend, den Tänzen der oberägypti=
schen Gawasi zuzuschauen, die bei dem Getön der Darabuka,
der Handtrommel und dem Gerassel des Tambourins in den
geschmeidigsten Körperbewegungen nach uralter Weise mit
nackten Füßen den Boden stampfen und mit den gefärbten
Händen die klappernden Kastagnetten zum Takt ertönen
lassen. Die Reisenden haben ein solches Schauspiel in den
Kaffee's aller größeren Ortschaften, wo sie landen, zu wohl=
feilen Preisen, und wenn auch das Urtheil über die Schön=
heit jener ägyptischen Tänze ein sehr verschiedenes ist, so
verschmähen es dennoch nicht europäische Damen, den Ga=
wasi in Oberägypten zuzuschauen. Ob mit Befriedigung,
weiß ich nicht zu sagen.

So lärmend der Aegypter die Empfindungen seiner Freude äußert, ebenso ist er in seinem Schmerze laut und übermäßig. Bei jenem Dorfe landend, dessen niedrige Hütten dicht an den Nil vorgeschoben sind, während die Taubenhäuser wie viereckige Thürme hoch in die Luft hineinragen, haben die Reisenden das traurige Schauspiel einer Todtenklage. Schon von ferne hören sie das gellende, durchdringende Geschrei der Weiber des Dorfes, welche über ein eben gestorbenes Mitglied desselben die Todtenklage auf dem Wege am Ufer anstellen. Die Einen stürzen sich im unbändigen Schmerze zur Erde, werfen den Staub in die Luft und bedecken den Kopf und das Gesicht mit feuchtem Nilschlamm. Die Anderen tauchen die Hände in jenes thönerne Gefäß mit Indigoflüssigkeit, schlagen sie dann mit nicht geringer Heftigkeit gegen die Backen, oft so lange, daß das Blut anfängt zu rinnen. Dann fassen sie sich wie zum Ringeltanze bei den Händen und springen wie wahnsinnig auf und nieder. Endlich sind sie ermüdet. In langen Reihen hocken sie auf dem Boden nieder, den Rücken gegen die Wände der Hütte gelehnt, und zünden den Taback in dem kurzen Schibuck an, dessen blaue Wolken sie in die heitere Luft blasen, indem sie den Nasenring, den besonderen Schmuck der oberägyptischen Donna, vorsichtig über die Spitze der Pfeife legen. So gräßlich und schauerlich der Anblick eines solchen Schauspieles ist, so wenig hat es zu bedeuten, da die Klage eine herkömmliche Sitte ist, gerade als wenn in unserem civilisirten Europa die Damen condoliren. Die Todtenklage stört die männliche Bevölkerung

in geringerem Grade; das können die Reisenden an jenem
Graubart erkennen, der am Ufer von Morgens früh bis
Abends spät den beweglichen Schöpfeimer aus der Fluth
des Niles emporhebt, seinen Inhalt in die Rinne gießt, die
denselben bis zu den entferntesten Feldern hinführt, und ihn
dann in gebückter Stellung wiederum in die Wasser des
Stromes hinabsinken läßt. Seine ganze Bekleidung (die
Reisenden leben im europäischen December) besteht aus der
Takieh, einer kleinen baumwollenen Kappe, mit der sein Haupt
bedeckt ist. Das Klagegeschrei erregt ihn in keiner Weise,
auf und ab steigt und sinkt das Schöpfgefäß, ohne daß der
geschäftige Araber sein Gesicht neugierig umwendet.

Neben ihm, in einiger Entfernung vom Ufer, stehen mit
gelben Blumen die Baumwollensträucher in voller Blüthe, hier
und da zeigt sich in den aufgeplatzten Fruchtkapseln weißglän=
zend der feine Pflanzenstoff, der massenweis von Oberägypten
nach Europa ausgeführt wird. Weiterhin dehnen sich große
Felder, mit dicken Zuckerrohrstengeln bepflanzt, aus, während
die dichten Kolben des ägyptischen Durra mit dem Zucker=
rohr an Höhe wetteifern. Mit großen Knarren und Peit=
schen bewaffnet, die unaufhörlich in Bewegung gesetzt wer=
den, halten arabische Fellahinen, Männer und Kinder, die
zahllosen Schaaren der Sperlinge ab, die in dichten Wolken
über den Feldern schwärmen, um sich mit einem Male,
Verheerung bringend, auf die Fruchtkolben des Durra zu
werfen. Trotz aller Vorsicht rauben sie dennoch dem armen
Bauer die ganze Ernte, der vergeblich auf die Paschas

schimpft, welche durch die Zuckerrohranpflanzungen die Sperlinge angelockt, die hier zwischen den dichten Stauben
ein bequemes und sicheres Nachtquartier gefunden haben.

Doch was kümmert das die Reisenden, die nur dem eigenen Vergnügen leben, bald hier, bald dort landen, die Dörfer
neugierigen Blickes besuchen, unschuldige Turteltauben von
den Dattelbäumen herabschießen, oder biſſige Hunde mit
Steinwürfen verfolgen und an allem Jammer und Elend
theilnahmlos vorüberfahren. Sie sind auf dem Nilboote
nicht in Aegypten, oder richtiger gesagt auf Aegypten, die
National-Flagge ſtempelt das Nilboot zum vaterländiſchen
Boden. Hier fährt Frankreich, da England, dort Preußen;
und wie sich die Nationen in der europäiſchen Politik lieben
oder haſſen, wie sie sich nähern oder wie sie fern ſtehen,
so haben die beflaggten Nilboote ihre entsprechende Politik,
die in den allgemein gefeuerten Flintenſalven als Gruß und
Gegengruß den Ausdruck diplomatiſcher Höflichkeit feſthält.

In den großen Stationen, wo die Denkmäler, wo die
Wunder des alten Aegyptens zu längerem Aufenthalte auffordern, liegt das Nilboot tagelang ſtill. Da warten am Ufer,
zu Dienſten bereit, Eſel und Führer, um die Fremden zu
den Werken der Pharaonen zu führen, wo der Engländer
seinen Wilkinſon oder Murray, der Franzoſe seinen Cham-
pollion, der Deutſche seinen Lepſius aufschlägt, um die versteinerten Hieroglyphe und das eingegrabene Königsbild aus
den Urzeiten der menſchlichen Geſchichte in dem gedruckten
Buche wiederzufinden. Da wird gewandert und gepilgert

Tag aus und Tag ein, in die beschriebenen und bemalten
Gräber gekrochen, und das Vergnügen will kein Ende neh=
men, wenn die Nachgrabungen Einzelner neue Mumien zu
Tage gefördert, neue Schätze der Kunst und Wissenschaft
der Erde entrissen haben. Der liebenswürdigste Europäer
ist dann Derjenige, welcher, durch besondere Studien begün=
stigt, die Schüssel zum Verständniß der Hieroglyphen in der
Tasche hat. Er ist die ausgesuchteste und willkommenste
Person, und wenn ich selbst es frei ausspreche, daß ich Tage
erlebt habe, wo die Bewohner der Nilboote in Theben mich
mit Einladungen zu Diners und Soupers fast überschüttet
haben, so geschieht Dies mit Rücksicht auf meinen National=
stolz. England, Frankreich, Rußland, Amerika, kleinerer
Staaten gar nicht zu gedenken, rissen sich um den Vorzug,
Preußen unter ihrer Flagge zu sehen.

Hier endet mein bescheidener Versuch, eine Darstellung
von dem Stillleben und den Wanderungen auf dem Nil=
boote zu geben; ich weiß, daß ich, wiewohl durch langen
Aufenthalt in Aegypten mit dem Leben und Treiben der
Europäer und der Eingebornen bekannt, weit hinter Dem,
was ich angestrebt habe, zurückgeblieben bin. Vieles wird
schlecht gesagt, Anderes, für die Charakteristik des Lebens
und Treibens auf dem Nil Wesentliches, übergangen sein,
aber mir bleibt wenigstens das Bewußtsein, in meiner ge=
drängten Darstellung weder übertrieben, noch ausgeschmückt
zu haben.

Eine Wüstenreise.

Wenn mir an dem heutigen Abende der besondere
Vorzug zu Theil geworden ist, Ihre Aufmerksamkeit, hochverehrte Anwesende, für eine Stunde durch einen
Vortrag fesseln zu dürfen, von dem ich wohl wünschte, daß
er so unterhaltend sein möchte, als mir das eigene Erleb-
niß in der Erinnerung unvertilgbar: so lade ich Sie ohne
große Vorbereitung zu einer kleinen Reise auf dem Zauber-
mantel des Gedankenfluges ein. Eine gemeinsame Wanderung dieser Art verleiht der schildernden Darstellung höheres
Leben und schenkt mir den günstigen Ausweg, das egoistische
Ich mit dem verallgemeinernden Wir zu vertauschen.

Lassen wir daher das Festland von Europa mit seinen
Bergen und Thälern, Wäldern und Wiesen, mit seinen
Flüssen und Bächen, Städten und Dörfern hinter uns lie-

gen, durcheilen wir im schnellen Fluge das bewegte, weiß
schäumende Meer, welches die sonnige Italia von den schwar=
zen Bergen Albanien's auf der Hämus=Halbinsel trennt,
um uns über das große Becken des Mittelmeeres hinweg
und in süd=östlicher Richtung nach dem afrikanischen Fest=
lande zu versetzen. Selbst Alexandrien mit seiner weltbe=
rühmten steinernen Nadel der Kleopatra und seiner Pom=
pejus=Säule, mit seinen Katakomben und Gräbern, und die
junge Stadt, so viel sie der Wunder, in seltsamer Mischung
des orientalischen Lebens mit dem occidentalischen, dem er=
staunten Wanderer darzubieten vermag, bleibt im Norden
und wir machen endlich zwischen dem 31sten und 30sten
Breitegrade auf einer ägyptischen Dahabijeh Halt, in der
Nähe des arabischen Dorfes Terraneh, im Delta=Lande des
Nilstromes, da, wo sein linker Hauptarm den Rand der
ewigen Wüste benetzt. Wir haben von der langen Reise
Ruhe und Erholung nöthig, genießen wir deshalb mit echt
morgenländischer Gemächlichkeit, von dem Deck des Schiffes
aus, eine ägyptische Februarnacht des Jahres 1852.

Tausend und aber tausend Sterne und Sternchen be=
decken den tief dunkelblauen Himmel; sie flimmern und
flackern nicht, wie die ewigen Himmelslichter der nordischen
Nacht, sondern ihr weißes, sanftes und ruhiges Leuchten er=
innert uns an das tropische Klima. Am westlichen Himmel
baut das Thierkreislicht im planetarischen Lichtdunste seine
riesige Pyramide empor. Ein Flimmern und Zucken belebt
den seltsamen Anblick, der uns in Staunen und Verwun=

derung setzt, aber uns wiederum an den Aufenthalt in der Palmenregion mahnt. Ein leiser, kühler Nordwind bewegt mit kaum hörbarem Geflüster die nickenden Kronen schlanker Palmen, die sich wie dunkle Bilder silhouettenartig an dem hellerem Himmelsraum abmalen; oder er rauscht durch den Blätterwald einer dichten Mais-Pflanzung, welche sich vor uns am Ufer des Flusses dahinzieht, um in seiner Nähe die tränkende Fluth als segenbringendes Geschenk des knarrenden Wasserrades zu erhalten. Nur in dunklen Umrissen lassen sich in einiger Entfernung zur rechten Hand die aus schwarzem Nilschwamm aufgeführten ärmlichen Hütten arabischer Landbewohner in der dem Häuserbau der Orientalen eigenthümlichen Würfelform erkennen, während darüber hinweg in konischen Gestalten Wälder von Taubenhäusern, Termiten-Hügeln vergleichbar, in den Nachthimmel lustig hineinschauen. Zur linken Hand dagegen gewahren wir nur undeutlich grobe Umrisse bergiger Massen. Wäre es Tag, so würde der röthlich schimmernde Hügel, aus Millionen Scherben und Ziegeln bestehend, uns das Riesengrab einer ehemals blühenden Stadt anzeigen, welche hier, in der Nähe der weltberühmten Saïs, vor langen Zeiten einen Hafenort am Nil bildete.

Die ganze Natur scheint in einen heiligen Schlummer versunken zu sein, welchen nur selten das rauhe Gekrächz eines aufgescheuchten Nachtvogels oder das winselnde Geheul hungriger Schakale unterbricht, welche von der Wüste herniedersteigen, angelockt durch die Nähe des Dorfes. Dann

5*

tritt wieder eine tiefe Stille ein, welche das bewegliche Ele=
ment des unruhigen Flusses, das mit leisem Geplätscher
gegen die Planken des Schiffes rollt, abzumessen scheint,
wie das tickende Pendel die Zeit an der Uhr.

Europa kann in seiner Mannigfaltigkeit verfeinerten Kul=
turlebens viele Genüsse augenblicklicher geistiger Erhebung
bieten, aber diese Genüsse sind künstlich und lassen in we=
nigen Fällen einen unauslöschlichen Eindruck in der Seele
zurück. Selbst die Naturschönheiten übersteigen selten das
Maaß allgemeiner Bewunderung, denn sie werden allge=
wöhnlich durch die durch Reisen erleichterte Bekanntschaft
mit den mannigfachen Theilen, welche die Naturgemälde
unseres Kontinents zu bilden pflegen. Solche Nächte aber,
wo Natur und Seele sich harmonisch verschmelzen, wo der
Mund vergebens nach Worten sucht, um der gepreßten,
empfindungsvollen Brust Luft zu machen, wo der Mensch
vom geheimnißvollen Zauber der seelenverwandten Natur
überwältigt, Qual und Leid gern vergißt, sie vermag nur
der Süden mit seinen exotischen Formen, mit den einfachen
Theilen seiner Naturgemälde zu bieten, in welcher sich das
Stilleben der Seele inniger und getreuer abmalt, als in
den unruhig beweglichen Elementen des nördlichen Himmels.

Von dem Vordertheil der Dahabijeh her hallen plötzlich
durch die schweigende Nacht die Töne eines Volksliedes, in
welchem ein junger, arabischer Matrose, dem Liebesweh
Schlaf und Ruhe geraubt zu haben scheint, der einzigen
Freundin, der Nacht, seinen Schmerz ausdrückt. In takt=

förmigen, sanften Schlägen entlocken seine Hände der Da=
rabuke, der irdenen Lieblingstrommel morgenländischer Sän=
ger, einfache Töne, welche die ewige Melancholie des arabi=
schen Gesanges begleiten. Er beginnt sein Lied mit den
klagenden Worten:

> Nicht jede, deren Auge schlummernd ruht,
> Mag denken, daß den Liebsten Schlummer deckt.
> Bei Allah! wach erhält mich Liebesgluth;
> Niemals hat Tadel Liebende geschreckt.

Und wie er nach den folgenden Versen zu den Strophen
kommt:

> Auf, Mädchen! Laß uns schlürfen das Entzücken
> Des Liebesrausches unter schattigen Jasminen.
> Laß uns die Pfirsich von dem Baume pflücken,
> Selbst wenn der Todten Geister uns erschienen! —

da bewegt sich krampfhaft schnell die rührende Hand, da
ertönt die hohle Trommel lauter und immer lauter, da
wird des Sängers Stimme heller und immer heller, bis
sein Lied in die gewöhnlichen Schlußworte der arabischen
Liebeslieder ausbricht, freilich ohne die Shakespeare'sche
Ironie in dem Hymnus an die Nacht:

> ja lêle,   ja lêle,   ja chabibi,   ja lêle!
> O Nacht, o Nacht, o Liebste mein, o Nacht!

Da regen sich neben dem Sänger die dunklen Ge=
stalten seiner schlafenden Genossen auf dem Deck, denn die
zauberische Macht der Worte ya lêle bringt selbst im Schlum=
mer zum Herzen des Arabers. Der mehrfache Ruf: Allah!

Allah! und tief ausgeholte Seufzer, die gewöhnlichsten Zeichen des ungetheilten Beifalls bei den Orientalen, belohnen
den verliebten Sänger, der befriedigt die Darabuke an einen
Pflock des Mastbaumes hängt, sich tief in seinen kameelhärenen Mantel hüllt und sich neben seine Genossen zum
erquickenden Schlafe hinstreckt.

Fast unmittelbar vor der Barke hocken auf dem schwarzen, würfelförmig geborstenen Nilufer mit untergeschlagenen
Beinen vier dunkle, alte Gesellen. Ein weißer Turban bedeckt das glattgeschorene Haupt, und die dichte, breitgestreifte
Abaje schützt den hageren, sonnengebräunten Körper gegen
die ungewohnte Frische der ägyptischen Februarnacht. Ein
schwach unterhaltenes Feuer aus Durra-Stengeln erleuchtet
matt die traurigen Gestalten der Viere. Nur selten nehmen
sie den unzertrennlichen Lebensgefährten des Arabers, den
glimmenden Schibuck aus dem Munde, um ein kurzes Ge-
spräch miteinander zu führen, von den Gins oder den teuflischen Geistern, die auf den Kreuzwegen sitzen und den guten Muslim necken, oder von den Franken, die aus weiter
Ferne gekommen sind, gerade sie zu schauen, oder von anderen seltsamen Dingen, die den Kopf eines rauchenden Arabers in schwindelnder Wirre erfüllen, wobei das Lob des
Sängers und seines Liedes nicht vergessen wird. Vier Lanzen, welche an der Spitze mit einem kurzen Busche schwarzer Straußenfedern geschmückt sind, ragen neben den vier
Alten aus dem Boden hervor und bezeichnen ihre Herren
als Wächter des Schiffes.

Allmählig nähert sich im ewig drehenden Kreise der Ge=
stirne das leicht erkennbare Bild des großen Bären dem
Saume des nächtlichen Horizontes und deutet an, daß die
Stunde der Mitternacht bereits vorüber sei. Da erschallt
durch die schweigende Nacht vom Dorfe her lautes Geräusch
schnell gehender Männer und Thiere. Es kommt näher
und näher, ein Schuß fällt und lodernde Holzfackeln erleuch=
ten mit blutrothem Wiederschein eine groteske Versammlung.
Der stets wechselnde Händedruck zwischen den Ankömmlin=
gen und unseren vier Wächtern, und ein wiederholtes „salam
alêik, ja achûje, taibîn, Friede über Dir, o mein Bruder,
befindest Du Dich wohl?" beruhigen uns über der Fremden
Absichten, welche nichts weniger als feindlich sind. Sie sind
gekommen, um uns auf einer Wanderung in die libysche
Wüste zu dem Thale der Natronseen, im Westen des Delta=
Landes, als erwartete Freunde das Geleit zu geben; denn
der Weg ist unsicher und beutelauernde Beduinen treiben,
besonders vor Mitternacht, ihr räuberisches Handwerk auf
der Karavanen=Straße.

Die Bewohner des Schiffes werden munter und die
große Stalllaterne, in deren Licht Hunderte von kleinen und
großen, schwirrenden Moskitos ihr kurzes Dasein enden,
beleuchtet mit mattem Scheine das Deck der Dahabijeh.
Drei Europäer, darunter wir, verlassen die Barke, mit Dop=
pelgewehren und Pistolen bis zu den Zähnen bewaffnet, und
mischen sich in die bunte Versammlung, achtungsvoll von
den Fellahin und den Söhnen der Wüste empfangen. Die

Letzteren, einem Beduinenstamm der Wüste angehörig, wel=
cher mit den Bewohnern des Dorfes Terraneh in Frieden
und Freundschaft lebt, haben sich feierlich verpflichtet, für
die Sicherheit unserer Wanderung Sorge zu tragen und
der alte Schech der Karavanen=Straße, welcher uns gleich=
falls das Geleit giebt, hat sich für unser Leben verbürgt.
Es sind große, schöne Gestalten, von dunkelbrauner Haut=
farbe, bartlos, mit kleinen zugekniffenen Augen, eine Folge
der blendenden Sonnenstrahlen, sämmtlich in jugendlichem
Alter und von der ausgelassensten Fröhlichkeit. Ein ein=
faches weißes Baumwollenkleid deckt ihren zähen Körper als
Untergewand, ein breiter Mantel, um Kopf und Hals ge=
schlungen, schützt sie vor Wind und Kälte. Sie sind mit
über sechs Fuß langen Gewehren mit Feuerschloß bewaffnet,
tragen Pulver und Kugeln in einer Ledertasche mit Riemen,
einige führen außerdem lange Lanzen der oben beschriebenen
Art. Die Thiere, welche sie uns zur Wanderung stellen,
bestehen aus den drei nützlichsten Repräsentanten der Thier=
welt, welche das heutige Aegyptenland aufzuweisen hat, aus
vier langausschreitenden Kameelen, einem gutmüthigen, aus=
dauernden Pferde und zehn Eseln. Man zieht die Kameele
an dem Halsstrick unter Lärmen und Geschrei zu Boden,
sie werden mit Instrumenten, mit Mappen, mit dem Mund=
vorrath auf drei Tage und vor Allem mit Wasserschläuchen
bepackt. Mit ohrenzerreißendem Gebrüll, die dicke Zunge
aus dem geifernden Maule hängend, empfangen die Schiffe
der Wüste knieend ihre Last. Auf den lehnstuhlartigen tür=

kischen Sattel des Pferdes, des einzigen, welches Terraneh
zu bieten hat, schwingt sich ein Europäer, die Füße in die
bequemen Halbmond=Bügel setzend und den Strick ergreifend,
welcher dem edlen Thiere als Zügel dient. Wir Uebrigen
und ein Theil der Beduinen suchen mit einem geschickten
Sprunge den Rücken der kleinen, schnellläufigen Esel zu er=
reichen, deren sprüchwörtlich gewordene Trägheit in Aegyp=
ten zu Spott wird, sind aber übler daran, als müßten wir
die ganze Wanderung durch die Wüste zu Fuß unternehmen.
Ein rohes, übermäßig breites Polster vertritt die Stelle des
Reitsattels, von Steigbügel oder Zügel ist keine Spur, das
Eselein geht, wohin es ihm beliebt, ist der Franke nicht mit
dem sonderbaren Lenkmittel vertraut, welches auch das Ka=
meel im Morgenlande zu regieren vermag. Ein kleiner,
krummgebogener Stock, mit dem bald rechts, bald links auf
den Hals des Thieres geschlagen wird, das ist der Zügel,
der es leitet. Ein genaueres Studium unserer Esel, wozu
uns der Wüstenritt Zeit und Muße im Ueberfluß gewährt,
führt uns zu der auffallenden Beobachtung, daß die kleinen
Reitthiere ihrer Ohrenentwickelung nach in drei Kategorieen
zerfallen: in langohrige, in kurzohrige und halblang=, halb=
kurzohrige. Diese seltsame Definition wird zur Genüge ver=
standen werden, wenn ich die Bemerkung hinzufüge, daß der
Aegypter jedem fremden Esel, den er in flagranti auf seinem
Landstücke weidend ertappt, beim ersten Male die obere
Hälfte des einen Ohres mit einem Messer abschneidet, im
wiederholten Uebertretungs=Falle die Spitze des anderen

Ohres verkürzt und endlich beim dritten Male den Sünder ganz und gar todt schlägt. Mir ward ein solcher zweimal ohrengekappter Grauschimmel zu Theil, den mir sein Besitzer mit den Anfangs unverstandenen Worten empfahl „hua cha-râmi kebîr, lakin maschi taïb, das ist ein großer Spitz-bube, aber er geht gut!"

Allmählig ordnet sich der Zug. Die Kameele voran, wir Franken in der Mitte, umgeben von den bewaffneten Söhnen der Wüste, steigen durch die Nacht vom Ufer des Flusses, auf eine Anhöhe empor, der Wüste entgegen. Es ist gegen vier Uhr Morgens, die Luft scheint entsetzlich kalt, ein durch-dringender Thau feuchtet die Kleider, in welche wir uns fröstelnd einhüllen. Da plötzlich hemmt ein Hinderniß die schweigend dahinziehende Karavane. Ein breiter Kanal, wel-cher die steigenden Gewässer des Nil zur Zeit der Ueber-schwemmung höher gelegenen Feldern zuführt, scheint unsere Reise zu verhindern. Eine Brücke ist nicht vorhanden, da-her bleibt Nichts übrig, als ihn zu durchwaten. Wir klettern mühsam auf die hohen Rücken der Kameele oder lassen uns von den Arabern tragen, die Beduinen binden ihr Kleid ge-schickt wie einen Turban um den Kopf und unter lautem Lärmen durchschreitet Mensch und Thier das kalte, nasse Element. Mit der andern Seite des Kanals hat uns die üppige Fülle des organischen Lebens verlassen und nur mit ernsten Betrachtungen betreten wir den öden Saum einer ungeheuren, vegetationsleeren Fläche, welche an Größe Deutsch-land neun bis zehnmal, das Mittelmeer fast dreimal übertrifft.

Allmählig schwindet die Nacht mit ihrem Sternenmeer, aber lange noch verhüllt ein dichter Nebel die ersehnte Aussicht über die Wüste hin, und wir vermögen nur so viel zu erkennen, daß den selten betretenen Boden unter unseren Füßen eine Kieseldecke bildet, aus der sich sporadisch ein verkümmerter Strauch, mehr Stachel- als Blattwerk, mühsam zum Tageslichte emporbrängt, um vom langhalsigen Kameele oder dem hungrigen Esel nach einem kurzen Dasein abgepflückt zu werden. Plötzlich erhellt ein matter Lichtstreif am östlichen Himmel die dunkle Erde und lange, hellgraue Schatten gehen der Karavane vorauf. Aber bald verschwinden auch sie wieder und eine blendend helle Kugel erhebt sich rollend, über weißen Nebelstreifen, umgeben von schießenden Strahlen wie der Kopf eines Heiligen von leuchtender Glorie. Es ist die Sonne, welche der Nacht den Sieg abgewonnen hat. Zum erstenmale begrüßen wir sie in der Wüste und zum erstenmale zeigt sie uns das Bild der Wüste in seiner ganzen Schreckniß. Nirgends ein Baum, der dem ängstlich spähenden Auge auch nur eine kleine Spur vegetativen Lebens verriethe, nirgends eine grünende Fläche zur Ruhe und Erholung einladend, sondern, so weit der Blick in das hohle, todte Bild zu reichen vermag, nur kahle Felder von Steinen und Steinchen, die in wundersamer Pracht als bunte Jaspis und Achate in hell prangendem Farbenspiel den wellenförmigen Boden der Wüste schmücken, welcher uns an die Vergleichung mit einem starrgewordenen, versteinerten Meere erinnert. Das Wüsten-Plateau, selber

an 100 bis 200 Fuß über dem Spiegel des Meeres gele=
gen, steigt bald zu Höhen von 200 bis 300 Fuß empor,
bald senkt es sich in thalförmige Schluchten, durch welche
scheue Heerden pfeilschneller, schwarzäugiger Gazellen dahin=
stürzen oder die Rudel schwarzer, wilder Büffel schnaubend
und mit erhobenem Schwanze davonjagen. Unsere Ansicht,
daß die Wüste eine Ebene sei, fußtief zum Einsinken mit
einem Sandmeere bedeckt, erweist sich bald genug als irrig,
denn die Wüste, nach der Geologen Meinung in uralten
Zeiten das Becken eines Meeres und der Heerd zerstören=
der Erdrevolutionen, ist ein bergiges Land und ein harter
Steinboden, auf dem nur selten, an Widerstand leistenden
Plätzen, der bewegliche Flugsand wie Wetterfahnen seine
Decke ausbreitet. Fußbreite Furchen, welche zehn bis zwölf
an der Zahl neben einander, nicht unähnlich den Schienen
einer Eisenbahn, in Schlangenlinien dahinlaufen und in
hellerem Weiß aus dem röthlich schimmernden Boden her=
vortreten, durchschneiden die Wüste diametral von einem
Punkte des Horizontes bis zum andern. Es sind die ein=
zigen Spuren von Weg, die einzigen tröstenden Zeugen von
Menschenverkehr in diesen Einöden. Hier und da gilt auf
hoch gelegenen Stellen der Wüste ein Haufen zusammen=
gewürfelter Steine, auf welchen die gebleichten Knochen ge=
fallener Kameele weithin leuchten, dem prüfenden Blicke der
Beduinen als Merkmal seiner Wanderung, bisweilen ge=
währen ihm die Adlerfallen (nesbe e' nisr), künstlich ge=
ordnete Steinhaufen, mit dem Aas eines gefallenen Esels

in der Mitte, Ausgangspunkte zum Maaß der Entfernungen, die er nach Malaqa's wie der Schiffer auf dem Nil seinen Weg nach Birke's, zu berechnen gewohnt ist.

Die Mittagssonne steht im Zenith. Ihre brennenden Strahlen drücken heiß das durch weiße Tücher geschützte Haupt, und ihr weißer Schein ermüdet zuletzt das geblendete Auge. Dazu steigen vor uns durchsichtige Nebel vom Boden auf, wellenförmig tanzen sie in mächtigen Kreisen um uns herum. Das sind die Kinder der Sonnengluth, welche sich von dem erhitzten Boden emporheben, um in unruhigem Steigen und Fallen über der bunten Steindecke zu schweben. Eine erschlaffende Müdigkeit ergreift den angestrengten Körper, Arme und Beine gerathen in eine krampfhaft zitternde Bewegung und die trockene Zunge lechzt nach Wasser. Aber noch macht die Karavane nicht Halt und das „lissa schueije, noch ein klein wenig", der Beduinen befriedigt nicht mehr die ungeduldigen Frager. Doch sieh! in einiger Entfernung vor uns, dicht am Horizonte, welch ein himmlisch Bild zeigt sich unseren freudestrahlenden Blicken? Ein duftiger See mit bläulich wogender Welle breitet sich langhin aus, schattige Bäume umgeben seine Ufer, an welchen Menschenge= stalten lustig auf= und abwandeln. Mit erneuter Kraft und frischem Muthe wollen wir dem See zueilen; doch das Kind der Wüste kennt ihn besser als wir und mit einem Lächeln bemerkt der Beduine „Nein, Herr, das ist kein See, sondern nur Satans=Wasser — moije scheïtân." Eine der so häufigen Luftspiegelungen in der Wüste hat uns bitter getäuscht.

Unsere jungen Araber empfinden fast Nichts von unserer Müdigkeit, denn rüstig schreiten sie auf dem brennenden Boden einher, und singen einzeln oder im Chor Verse aus dem Koran oder Liebes- oder Heldenlieder. Die letzteren bestehen aus einem kurzen Triumphgesang, der gewöhnlich mit dem Verse endet: Vernichtet sind der Feinde Zelte!

Sie stampfen dazu den arabischen Waffentanz, wobei sie die langen Gewehre wie ein dünnes Rohr in der drehenden Hand über den Kopf schwingen und mit lauten Freudenschrei eine Salve in die erschütterte Luft feuern. Unter allen bewundern wir am meisten die Fröhlichkeit eines jungen, etwa 17- bis 18jährigen Beduinen (denn sein Alter weiß er nach echt arabischer Sitte selber nicht), des Sohnes unseres Karavanenschechs, der seinen verliebten Liedern, welche er mit lauter, wohlklingender Stimme durch die Wüste schallen läßt, gar kein Maaß und Ziel zu setzen weiß. Er besucht sein zweites Weib, welches bei ihrem Vater in dem Natronthale weilt, während er seine andere Frau in Terraneh zurückgelassen hat.

Gegen ein Uhr rasten wir in einer Schlucht. Nach einem kurzen frugalen Mahle wird von Neuem aufgebrochen, wir steigen bergauf bergab und erklimmen zuletzt mit vieler Anstrengung gegen vier Uhr Nachmittags nach einem Marsche von etwa zehn deutschen Meilen einen steilen Bergrücken. Da liegen in einem langen, minder breiten Thale, dessen gegenüberliegende Wand sich hoch und anscheinend senkrecht erhebt, sechs Seen mit dunkelblau schimmerndem Gewässer vor uns, von einem dichten Kranze von Schilf und Gräsern umgeben, und in diesem Becken, in einiger Entfernung von einander, vier festungsartige lange Gebäude, welche uns einladend winken in dem Scheine der sich neigenden Sonne. Welch' ein fröhliches, lachendes Bild im Gegensatz zur traurigen Wüste? — und doch ist auch hier die Vegetation so sparsam. Heerden von Rothwild durchstreifen das Thal und eine bunte Menge gesangloser Vögel, vor allem hochbeinige Flamingo's mit prangendem Gefieder, beleben die Ufer der Seen, um ihren Durst mit salzigem Wasser zu löschen.

Wir steigen langsam in die Ebene nieder und bald erschwert ein dichter Schilfwald von carix cyperus den Lauf unserer stürzenden Thiere. Der Boden knirscht unter den Füßen, denn er ist mit einer dicken Salzkruste überzogen, die ihm das Ansehen einer Reifdecke giebt. Dieses Salz, welches meilenweit in der Nähe der Seen durch Capillar-Wirkung aus dem Boden emporschießt, ist das Natron, welches der ganzen Gegend die Namenstaufe gegeben hat. Wir nähern uns dem größten der Natronseen. Mehrere Araber, welche hier in dieser grenzenlosen Einöde als Wächter hausen, empfangen uns mit einer wohlgemeinten Fantasia — wie sie's nennen — von Flintenschüssen und begrüßen mit ächt arabischen Redefloskeln unsere beduinischen Begleiter. Das ist ein Fragen und Antworten ohne Ende, ein Wieder-

holen, bei dem Einem schwindlich werden möchte. „O mein
Bruder, so fragt der Eine den Andern, was macht dein
Vater und deine Mutter, dein Sohn und dein Pferd, dein
Esel und deine Ziege?" und sind sie sehr befreundet, so
schließt den langen Satz die sonst unschickliche Frage: „was
macht das Geheimniß des Volkes deines Hauses?" welches
die ziemlich sonderbare Umgehung des einfachen Wortes
deine Frau ist. Doch wir überwinden auch diese Zeit
mit wahrhaft arabischer Geduld und werden in eine alte,
bretterne Salzkammer ohne Thür einquartiert, in welcher
auf dem natronwüchsigen Sandboden Schilfmatten ausge=
breitet liegen. Wir haben die Aussicht nach den Seen, deren
Ufer mit zahlreichen, großen und wunderbar geformten Stücken
versteinerten Holzes umgeben sind.

In unruhigem Schlafe bringen wir die Nacht in der
Natronkammer zu. Die Kameele, mit lautem Geräusch wie=
derkäuend, mit zusammengebundenen Knieen, Esel und Pferde
mit verknüpften Vorderfüßen, lagern in Gemeinschaft der
schmauchenden Beduinen vor unserem Kabinet. Aber in
welchem Zustande sieht uns der neue Morgen? Zerstochen
und gebissen von Fliegen und summenden Moskito's und
von zwei anderen Thiergeschlechtern, welche bereits die bib=
lische Urkunde unter den Landplagen Aegyptens aufführt
und die der heutige französische Witz im Pharaonenlande mit
der leichten und der schweren Kavallerie bezeichnet, können
wir kaum einen gesunden Quadratzoll Fläche auf unserem
Körper entdecken.

Die Schönheit des Morgens verjagt bald die trübe Er=
innerung an die vergangene Schreckensnacht aus dem Kopfe.
Wir lassen uns über die Natur der Natronseen, deren Fallen
und Steigen im umgekehrten Verhältniß zur Nilüberschwem=
mung steht, von den Wächtern belehren, bemerken dabei, daß
ihr schwer fließendes und salzig schmeckendes Wasser in der
Nähe blutroth gefärbt ist, wahrscheinlich von Infusorien, in
einiger Entfernung dagegen dunkelbläulich erscheint, und vom
Winde bewegt karmoisinrothe Wellen erzeugt, und besuchen
zum Schluß die Ruinen einer kleinen römischen Feste in
einiger Entfernung von jenen Seen.

Nachmittag drei Uhr bricht die Karavane von Neuem
auf, um das bedeutendste jener vier uralten koptischen Klö=
ster zu besuchen, welches etwa fünf Stunden Weges vor
uns gelegen ist. Ein wortreicher Abschied, begleitet vom
klingenden Lohne des Backschisch, jenes Zauberwortes,
welches dem Reisenden im Orient noch Jahre lang nach
seiner Rückkehr in die Heimat in die Ohren nachgellt, trennt
uns für ein ganzes Leben von den Natronhütenden Arabern.

Wir ersteigen eine ziemlich beträchtliche Höhe und erblicken
von dem breiten Kamme des Berges aus im gelben Abend=
scheine der sinkenden Sonne drei Klöster vor uns, in der
Mitte dasjenige, welches das Ziel unserer Wanderung ist.
Sie erscheinen uns so nahe, daß wir deutlich die einzelnen
Theile der Gebäude zu unterscheiden vermögen, ja selbst die
Gipfel der Palmen erkennen, welche aus dem Klostergarten
über die hohe Mauer emporragen. Wie in der Wüste, be=

sonders bei Nacht, der Schall in seltsamer Weise verstärkt
gehört wird, so erscheinen bei Tage sämmtliche entfernte
Gegenstände dem Auge bei weitem näher, als sie in der
That sind und täuschen auf wunderbare Art den Sinn des
Gesichts. Während wir glauben, in einer halben Stunde
das Kloster zu erreichen, müssen wir drei volle Stunden
rüstig zureiten, um unter seinen Mauern zu stehen. Das
Abendglöcklein, welches die frommen Brüder zum Gebete
auffordert, entsendet seine klaren Töne zu uns herüber.
Wie wird der Busen in der öden Wüste bei den heimischen
Klängen so wundersam erregt? Tausend süße Erinnerungen
an die ferne Heimath und die theure Familie treten vor
die träumende Seele und täuschen das sehnsuchtsvolle Herz
wie die luftigen Nebelbilder den Pilgrim in der Wüste.

Noch einmal beleuchtet die Sonne am westlichen Ho=
rizonte mit ihrem letzten Strahle das trostlose Bild der
Wüste, dann verschwindet sie und mit ihr der letzte Grad
ihres segensreichen Geschenkes der Wärme. Ein kalter,
fast eisiger Nordwind weht durch die Wüste dahin und
nöthigt uns mit dicken Gewändern den Körper zu um=
hüllen. Das laute harr, harr! der Beduinen treibt die
Thiere in schnellerem Schritte vorwärts und endlich liegt
die mächtige Kloster=Mauer mit ihrem thurmähnlichen
Eingang dicht vor uns. Drei Beduinen, an ihrer Spitze
der vorsichtige alte Schech der Karavanen=Straße, das Ge=
wehr halb in Anschlag, eilen vorauf, um zu erspähen, ob
nicht beutelauernde Wüstensöhne im Hinterhalt liegen. Ihre

Besorgniß ist glücklicherweise unbegründet gewesen und so säumen sie nicht, wacker an dem langen Strick zu ziehen, welcher von einer Oeffnung im Thurme herabhängt und das Fremdenglöcklein in Bewegung setzt. Wir müssen lange warten, ehe uns eine Antwort gegeben wird und haben deshalb Zeit, uns genauer mit der Lokalität vertraut zu machen. Eine starke unerklimmbare Mauer umgiebt in einem großen Viereck das Kloster und steigt zu einer Höhe von sechszig Fuß an. An dem thurmähnlichen Bau an ihrem einen Ende ist über der Thür das koptische Kreuz in dem Mauerwerke angebracht, durchaus ähnlich in seiner Gestalt dem Ehrenzeichen des eisernen Kreuzes. Das enge kleine Thor, durch welches man nur in sehr gebückter Stel= lung zu gehen vermag, ist fast gänzlich durch zwei mächtige Steinblöcke versperrt und außerdem durch eine dicke mit Eisen reichlich beschlagene Thür geschlossen. Die Gipfel fruchttragender Dattelpalmen ragen lustig über die Mauer= krönung hinweg.

Inzwischen werden Stimmen im Innern des Thurmes hinter der Thür laut und man unterhandelt in lebendigem Gespräche mit den Beduinen, welche einen arabisch geschrie= benen Empfehlungsbrief für die Europäer durch die kleine Thürspalte über der Schwelle hindurchgleiten lassen. Nach langem Hin= und Herreden wird endlich der Riegel der Pforte zurückgeschoben, knarrend dreht sich die geheimniß= volle Thür in den rostigen Angeln und heraus treten wie vermoderte Grabesbewohner ein Dutzend menschlicher Ge=

6*

stalten. Der Anblick hat etwas Düsteres, Herzspannendes, welches die traurige Umgebung und das Zwielicht des Abends nur noch erhöht. Ein schwarzer oder blauer Tur= ban, das Abzeichen koptischer Christen in Aegypten, über= ragt in dicker Umwindung das bleiche, abgestorbene Antlitz jeder einzelnen Person, welche aus der Nacht der Pforte gebückt emportaucht. Ein langes, tiefdunkeles Gewand um= hüllt den abgemagerten Körper. Sichtlich erfreut ergreifen sie unter vielen höflichen Redensarten unsere Hände, füh= ren sie an den Mund und beschämen uns fast durch ihr brüderliches Benehmen. Sie entschuldigen sich unaufhörlich, daß sie nicht sofort geöffnet haben, vielmehr hätten sie ge= glaubt, wir seien räuberische Beduinen und gekommen, um das Kloster mit List zu überfallen. Endlich drängen sie uns in die enge Pforte hinein, während die Thiere und ein Theil der Beduinen draußen lagern müssen; gebückt durch= schreiten wir einen langen engen Gang und gerathen zu= letzt in eine offene Halle, in welcher uns andere Mönche mit gelben, dünnen Wachskerzen in den Händen, zuvorkom= mend empfangen. Nach uns schielend, halten sie die eine Hand vor die von Krankheit gerötheten Augen, um den gelben Schein des Lichtes abzuwehren. Jeder Neuangekom= mene nähert sich uns achtungsvoll, um unsere Hand zu küssen, oder vielmehr um uns stets eine neue Verlegenheit zu bereiten. Inzwischen setzt man ein Zimmer für die fränkischen Gäste in Bereitschaft. Man führt uns über zwei Höfe, der letztere mit einem Garten geziert, in dem aus niedrigen Strauchpflanzen schlanke Palmen in die Luft ragen, eine wahre Oasis in dieser Wüstenei, zu der obersten von drei Terrassen, auf einer so zerfallenen steinernen Treppe, daß wir nur mit größter Vorsicht zu steigen vermögen. Unser ziemlich geräumiges Zimmer, mit demselben ekelhaften Geruche erfüllt, welcher die Nähe eines Kopten und sein Zeug verräth, ist durch ein kleines Holzgitter in zwei Theile gesondert und mit alten Matten und Decken belegt. Es enthält zwei niedrige Hauptfenster nach dem Hofraume zu, ein stark vergittertes Loch mit der Aussicht nach der Wüste, und außerdem eine Zahl von etwa zehn Oeffnungen, durch welche der Zugwind sein feines Lied abspielt. Das ganze Mönchsthum des Klosters versammelt sich in und vor unserem Gemache, nun erst beginnen die eigentlichen Vorstellungen. Zwei hochbetagte blinde Patres stehen an der Spitze der Klosterbewohner, welche von Kairo aus ihren Zuwachs erhalten. Mit arabischer Breitzüngigkeit erzählen sie uns, daß das Kloster gegenwärtig an 1500 Jahre alt sei — immer noch dreiunddreißig Jahrhunderte jünger als viele Grabkapellen auf dem Pyramidenfelde von Gizeh — und nach der syrischen heiligen Jungfrau benannt sei, da in älteren Zeiten Syrer neben den Aegyptern dasselbe bewohnt hätten. „Wir beten dreimal täglich zum lieben Gott, so schließen sie mit einer gewissen Ruhmredigkeit, früh vor Sonnenaufgang, zu Mittag und am Abend. Wir fasten am Dienstag und Freitag; da wir dann kein Fleisch essen, so preisen wir euch glücklich,

daß ihr nicht gestern, sondern heute, am Sonnabend, zu
uns gekommen seid. Außerdem fasten wir vierzig Tage
lang zu Ostern und zu Weihnachten."

Nachdem wir den Wunsch ausgesprochen haben, am
andern Morgen der Frühmesse beizuwohnen, werden wir
zum Abendbrote eingeladen. Mit kreuzweis untergeschlagenen Beinen hocken wir in mühsamer Stellung auf den
Matten sammt den Vätern des Klosters um ein rundes
Brett, welches auf einem kaum einen Fuß hohen Unter-
satze steht und mit diesem eine Art leicht beweglichen Tisches
bildet. Suppe mit süßen Bataten und kaltes Kalbfleisch bilden den Küchenzettel, dazu etwa dreißig kleine Brote aus
Mais. Das Wasser, welches wir dazu aus thönernen Ge-
fäßen, den sogenannten Qullen, trinken, schmeckt salzig und
schlecht, und würde einem Naturforscher einen reichen Fund-
ort zum Studium der verschiedengestaltetsten Infusorien gegeben haben. Ein tiefer Quell im Kloster spendet es den
Mönchen. Ohne Löffel, Gabel noch Messer werden die
Speisen in wörtlichem Sinne reißend schnell eingenommen,
nur mit der Suppe werden wir verwöhnte Franken nicht
recht fertig, desto besser aber die alten koptischen Väter.
Sie streifen mit ehrsamer Miene kunstgerecht den langen
Aermel ihres Gewandes zurück und tauchen das Brot und
damit die Hälfte der nur sichtbaren rechten Hand in die
hölzerne Schüssel mit Suppe, wobei sie, laut schmatzend und
mit breitem Munde unschickliche Töne aus dem gesättigten
Magen emporstoßend, die von der Suppe benetzten Finger

sorgsam — ablecken. Es fällt uns mit Recht auf, daß
diese christlichen Mönche die Mahlzeit weder mit einem
Gebete begonnen haben, noch es damit schließen, und wir
fangen bereits an, gerechte Bedenken gegen ihre Frömmig=
keit zu hegen. Nach beendigter Mahlzeit steigen wir mit
der gesammten Klosterbevölkerung in den Hof nieder, wo
ein heftiger Wind bei einer Temperatur von + 16° Réau=
mur durch das Blattwerk der Palmengipfel rauscht. Die
gelben, oft erlöschenden Wachskerzen erleuchten mit mattem
Scheine die unteren Zellen der Mönche, doch hell genug,
um darin eine grauenerregende Unsauberkeit zu entdecken.
In der Kirche, welche durch ein geschnitztes Gitter mit
ausgelegter Arbeit in zwei Abtheilungen getrennt ist, in
den Vorraum (hêkal) für den Laien und in den Raum
für den Priester, werden uns mit besonderer, fast kindischer
Freude die schlechtgemalten Bilder heiliger Personen und die
Mumien zweier Heiligen der koptischen Kirche gezeigt, welche
einst in dem Kloster gelebt hatten. Straußeneier hängen
an langen Schnüren von der Decke in die Kirche hinein.
Auf einem Pulte liegt ein ziemlich altes koptisch=arabisches
Evangelium. Jede Seite des Pergament=Buches starrt von
Fettflecken und abgetropftem gelbem Wachse und ist ebenso
schmutzig als das Pult, auf dem es ruht, als die Kirche
und die ganze koptische Klosterbevölkerung. Weiter führt
man uns schaulustige Franken nach einem viereckigen Bas=
sin in einem besonderen Vorraum der Kirche, angefüllt mit
schmutzigem brackigem Wasser aus der tiefen Quelle in

Kloster, in welche die Mönche einmal im Jahre zum An=
denken an die Taufe Christi durch Johannes hinabsteigen.
Ein zweiter Kirchraum, in welchem man die Fastenzeit
über knieend den Gottesdienst verrichtet, ist mit einer ge=
schroteten Getreideart wie übersäet. Eigenthümlich ist der
Eindruck, den ein langes und gewölbtes Zimmer mit Spu=
ren älterer roher Malerei auf unser Gemüth erzeugt. Ein
langer Tisch nimmt das Zimmer ein, Hunderte kleiner Brote
liegen darauf, eine steinere Doppelbank gewährt die Sitze
vor demselben. Doch wer und wo sind die Gäste, welche
an dieser langen Tafel, mitten in der Wüste, ihren Platz
finden sollen? Die Mönche geben uns darüber Nachricht,
daß nämlich dieser Tisch für die wandernden Beduinen da=
stehe, welche von Hunger getrieben an dem Fremdenglöck=
lein ziehen und die Mönche um gastfreundschaftliche Auf=
nahme ersuchen.

Nur mit bemerkbarer Scheu und auf langes Bitten
werden wir nach dem letzten, sehenswürdigsten Orte des
ganzen Klosters geführt. Mühsam steigen wir auf die
Terrasse eines kleinen Gebäudes, ein Brett wird von hier
aus nach der vorspringenden Schwelle einer verschlossenen
Thür querübergelegt, welche sich in einiger Höhe des Thur=
mes befindet. Mit Vorsicht mahnt uns der vorangehende
Bruder Mönch die schwanke Brücke zu betreten. Der
morgenländische hölzerne Hakenschlüssel giebt dem schweren
Riegel freie Bewegung und wir gelangen durch die geöff=
nete Thür in einen engen Raum, von dem aus eine zweite

nicht minder stark befestigte Thür zu einem besonderen Ge=
mache führt. Die Würdenträger des Klosters folgen uns
auf dem Fuße nach, und beobachten sorgfältig jede unserer
Bewegungen. Hier ist das Bibliothekszimmer, welches sie
mit Argus=Augen behüten. Wir glauben eine ordentlich
aufgestellte Büchersammlung bewundern zu können, reich
an alten Schriften, aber welch' eine chaotische Unordnung
herrscht in diesen Räumen? Etwa vierzig starke Bände,
meist arabische und koptische Handschriften enthaltend, lie=
gen auf einer Bank liederlich umher; ausgerissene Blätter
von Pergament oder Baumwollen = Papier bedecken den
schmutzigen Boden, die Deckel der Bücher sind meist zer=
fault und nagende Würmer haben durch tiefe Löcher die
alte Schrift entstellt. Einige dieser Manuscripte können
leicht ein Alter von vier bis fünf Jahrhunderten haben;
sie den Mönchen abzukaufen, gelingt weder durch Ueberre=
dung, noch Gold. „Herr, sagt der Prior des Klosters,
diese Bücher sind von Brüdern geschrieben, welche nun
schon Jahrhunderte im Erdenschoße ruhen. Sie haben uns
am Ende jeder Handschrift das feierliche Gelübde auferlegt,
keines dieser frommen Vermächtnisse, bei Verlust unseres
Seelenheiles, in irgend einer Weise zu veräußern." Da=
gegen läßt sich freilich von unserer Seite wenig sagen und
mit einem mitleidigen Blicke auf die unverstandenen alten
koptischen Schriften bedauern wir das unwürdige Schicksal
dieser Bücher, welche so große Unwissenheit auf das Sorg=
fältigste behütet. Nachdem wir eine Art von Kapelle in

dem Hinterraume des Bibliothek=Zimmers mit mehreren
schlecht gemalten Bildern der Schutzpatronin Mirjam (Ma-
ria) und des heiligen Makarios, sowie ein Gitter aus
Schnitzwerk und dahinter die gläsernen Meßgefäße mit den
dazu gehörigen Decken hatten bewundern müssen, wandern
wir mißgestimmt und unter denselben Hindernissen in unsere Zelle zurück und strecken den müden Körper auf die
Matten und Decken aus, um die süße Gabe des Schlafes
im Wüsten=Kloster der syrischen heiligen Jungfrau zu genießen.

Wir träumen von den alten Kopten, deren jämmerliche
Epigonen heute unsere Wirthe waren, wir schauen zurück
in die alten Zeiten und sehen an hundert Klöster in dem
Thale der Natronseen stehen, aus denen einst Kaiser Va-
lens nicht weniger als funfzig mal hundert Mönche in
das byzantinische Heer steckte, wir schauen weiter zurück in
die Jugendzeit des Christenthums, in welcher Aegypten die
Zufluchtstätte der ersten Christen war, wir träumen vom
heiligen Antonius, von den Einsiedlern und Büßern, vom
frommen Pachomius, welcher um die Mitte des vierten
Jahrhunderts das erste Kloster auf der palmenreichen Nil-
Insel Tabenne stiftete, — da erdröhnen die Wände unseres Zimmers und der Boden wankt in zitternder Bewegung. Ein furchtbares Krachen und langnachhallendes Rollen
weckt uns aus dem kurzen Schlafe. Erschreckt und verwun-
dert zugleich reiben wir die Augen. Zuckend leuchtende
Blitze erhellen die weißen, gespensterhaft blinkenden Kalk-

wände unserer Zelle, sausend pfeift der stürmende Zugwind
durch die Wandöffnungen des Zimmers und in Strömen
klascht der Regen gegen die hohe Klostermauer. Nach den
kurzen Pausen zu urtheilen, die wir zwischen Blitz und Donner
zählen, entladet sich, ganz in unserer Nähe, ein starkes Ge=
witter. In unsere Mäntel gehüllt, begeben wir uns in
Sturm und Wetter hinaus auf die offene Terrasse, um von
der Mauerbrüstung herab Zeugen des großartigen, aber sel=
tenen Schauspieles in Aegypten zu sein. Prasselnd er=
leuchtet Blitz auf Blitz die endlose Wüste, welche in ein
glühendes Feuermeer verwandelt zu sein scheint, mit ent=
setzlichem Gedröhn stoßen die dunkelen Gewölke zusammen,
während der Gesang der zitternden Mönche zu uns herauf
aus den Räumen der erhellten Kirche, wie schwaches Aech=
zen sterbender Männer emporschallt zwischen den Pausen
des rollenden Donners.

Nach einer Stunde verzieht sich das Unwetter, welches
gegen zwei Uhr begonnen hatte, der strömende Regen läßt
nach und die Wüste bedeckt schweigende finstere Nacht. Wir
bringen den letzten Theil derselben in dem unruhigsten Schlafe
zu. Die quälenden ekelhaften Mitbewohner der Natronkam=
mer lebhaften Angedenkens scheinen ihre Wüsten=Residenz
im Natronkloster der syrischen heiligen Jungfrau aufgeschla=
gen zu haben und voll nichtiger Wuth, gepeinigt vom stechen=
den Schmerze, theilt ein Schläfer dem andern sein Leid mit.
Nur stille Resignation vermag in solchen ächt ägyptischen
Zuständen die gewöhnliche Lebensruhe zu erhalten. Wehe

Dem im Pharaonenlande, der solche Feuerproben der Geduld nicht zu bestehen vermag!

Um fünf Morgens läutet die Glocke in drei Pausen zur Frühmesse. Wir verlassen die irdische Hölle und steigen in die Kirche hinab, wo bereits die Mönche versammelt sind. Der Sonntag hat unsere Stimmung feierlicher, als je er- hoben und mit einem stillen Gebete überschreiten wir die Schwelle zum koptischen Tempel, welcher durch Ampeln matt erleuchtet ist und von starkem Weihrauch duftet. Allein welch' einen Anblick bietet dieser Gottesdienst dar? Die kleine Gemeinde scheint eine Versammlung von Faullenzern zu sein, welche sich das Stehen beim Gottesdienst dadurch zu erleichtern suchen, daß sie den einen Arm auf hohe Krücken stützen, und zum Ueberfluß den Rücken an die Wand lehnen, oder in eine Ecke hineinpressen. Auch wir erhalten solche Krücken, auf welche wir uns dem schlechten Beispiele folgend und um jedes Aufsehen zu vermeiden, wie hinkende Leute stützen. Die fungirenden Geistlichen tragen weiße Röcke oder richtiger gesagt Röcke, die einst weiß waren und welche sie, nach Art der Beduinenmäntel, um Kopf und Hals ge- wunden haben. Rothe koptische Kreuze sind auf Brust und Aermel eingestickt. Der Priester, welcher gerade die Messe liest, ist in einer fortdauernden Bewegung, bald dreht er sich vor-, bald rückwärts, bald beräuchert er die Heiligen, bald die Bilder, bald das Buch. Das Evangelium wird zunächst in koptischer Sprache, von der kein Kopte ein Wort mehr versteht, dann in arabischer in psalmodirendem Tone abgesungen. Mitunter plärren die Mönche mit, dabei verbessern sie fortdauernd den, welcher den heiligen Abschnitt koptisch liest, wobei derselbe, zuletzt ungeduldig, den nächsten besten Tadler mit den Worten abweist: „óskut hansîr, schweig, du Schwein!" Voller Erstaunen hören wir diesen seltsamen Ruf in einer christlichen Kirche, und wie wir uns umsehen, um Zeugen unseres gerechten Mißfallens unter den anwesenden Personen zu entdecken, Himmel! da bemerken wir, daß einige unter den Mönchen den Körper an die Wand gelehnt, den Kopf zur Abwechselung auf die Krücke gestützt, vernehmbar schnarchend den süßen Morgenschlaf fortsetzen, andere schwatzen und lachen, andere endlich mit lautem Geräusche und Glieder-Recken auf eine höchst ungebärdige Weise gähnen. Es scheint, als gehöre das Alles bei den Kopten zur kirchlichen Feier. Nachdem dieser sogenannte Gottesdienst eine volle Stunde gedauert hat, vertheilt der Geistliche gesegnete, ungesäuerte Brote. Auch wir erhalten eines und verzehren es nach der Uebrigen Beispiel in der Kirche.

Von närrischer Einbildung befangen, halten sich die Bewohner dieser Klöster für die frömmsten aller Christen, und glauben die Urformen des Christenthums am treusten bewahrt zu haben. Geistig und physisch abgestumpft, bieten sie in ihrer eitlen Selbstgefälligkeit ein abschreckendes Beispiel des krassesten Fanatismus dar, und das Christenthum vermodert hier in seiner eigenen Wiege.

Wir danken Gott, daß wir den freien Hof wieder erreicht haben, wo die Beduinen bereits unserer warten. Nachdem

die Geistlichen ein Geldgeschenk empfangen haben, welches
ihnen mehr Freude zu bereiten scheint, als ein so seltener
Besuch von Europäern, wie der unsere, wünschen sie uns
mit der bekannten Redefertigkeit eine glückliche Reise und
alle legen unaufhörlich die rechte Hand auf Brust, Mund
und Stirn zum Zeichen des Abschiedsgrußes. Derselbe enge
Gang führt uns durch die kleine Pforte in die Wüste hinaus, welche unter dem blauen Himmelsdome in merkwürdiger Frische prangt. Die Sonne ist bereits aufgegangen,
die Thiere scharren ungeduldig in den nassen Boden, wir
steigen auf und der Rückzug nach Terraneh findet ebenso
ruhig und ungestört Statt, wie die Hinreise zu den Natron-
klöstern. Nach einem Besuche in dem bedeutendsten derselben erscheint uns die Wüste ein angenehmer und lieber
Aufenthalt geworden zu sein, scheu und ängstlich ziehen wir bei
dem zweiten Kloster neben dem vorigen vorbei und schlagen
dann den Weg nach Osten ein. Ein zwölfstündiger Marsch,
bei dem nur einmal gerastet wird, führt uns demselben Ziele
wieder zu, von dem wir ausgegangen sind. Die Thiere
haben in der dörrenden Hitze des Tages ihren Durst seit
drei Tagen nicht zu löschen vermocht, und wir selbst sind
ermüdet bis zum Umsinken. Der Weg scheint sich endlos
zu verlängern, eine „malaqa" folgt der anderen und doch
beleuchtet bereits die sinkende Sonne mit röthlichem Abend-
scheine die Wüste. Schnaufend streckt das Kameel den ge-
bogenen Hals vorwärts, das Pferd wiehert in lustigem Gange,
und der Esel, die Ohren spitzend, verdoppelt seinen leichtfü-

ßigen Lauf. Die Beduinen feuern unter Chorgesang ihre Gewehre ab, alles deutet darauf hin, daß wir der üppigen Fülle des vegetativen Lebens bald wiedergegeben sein werden.

Da, noch ehe die Sonne über die Erde den letzten scheidenden Strahl ausgebreitet hat, liegt im lichten zarten Grün das fruchtbare Nilthal dicht zu unseren Füßen. Die Barke steht an derselben Stelle, aber die ganze Landschaft, so einfach in ihren Theilen, scheint zehnmal reicher, zehnmal schöner und lieblicher geworden zu sein. Mit einem herzlichen „elhamdulillah, Lob und Preis sei Allah!" empfangen uns die wartenden Freunde auf der Barke, denn wir haben den ersten Wüstenritt in die oft beunruhigte libysche Wüste hinein ohne leidvolle Abenteuer glücklich bestanden.

Berlin, Druck von W. Büxenstein.

Aus dem Orient.

Aus dem Orient.

Von

Heinrich Brugsch.

Zweiter Theil.

Berlin, 1864.
Verlag von Werner Große.

Inhalt.

———

Ein altägyptisches Märchen.

Als ich vor einem Jahre die Ehre hatte, an dieser Stelle ein selbst gewähltes Thema unter dem Titel: „Was sich die Steine erzählen" zu behandeln, vermeldete ich mannigfache Kunde von dem, was uns die altersgrauen Steine der ägyptischen Denkmälerwelt aus den Vorzeiten aller menschlichen Geschichte urkundlich und treulich berichtet haben. Heute, wo mir eine gleiche Auszeichnung zu Theil wird, will ich wieder Denkmälerstaub aufrütteln, aber in dieser Stunde nicht die Steine, gleichsam für die Ewigkeit geschaffene Urkunden, zum Zeugen meiner Nachrichten vom ältesten Damals anrufen, sondern bröcklige, zersplitterte und gebräunte Papyrusrollen durchmustern, die, nach Schätzen suchend, der heutige Aegypter aus dunkler Grabeskammer-Nacht an's helle Tageslicht emporträgt.

In nothwendiger Beschränkung will ich nicht von den Rollen sprechen, welche, religiösen Inhaltes, den Mumien

wie ein Reisepaß durch die mannigfachen, von Dämonen und
Gottheiten bevölkerten Regionen der Unterwelt als Talismane
mit in das Grab gegeben wurden, nicht von den bezahlten
und unbezahlten Rechnungen, welche als gute und böse
Andenken den Schuldner selbst in seiner stillen Katakombe
nicht verließen, ich will nicht reden von all' den Erzeugnissen
altägyptischer Schreibseligkeit, welche das alltägliche, viel=
bewegte Leben hervorrief und welche gleichfalls der Tod
nicht von den Körpern zu trennen vermochte; sondern eine
einzige Rolle behandeln, deren Inhalt der Titel meines Vor=
trages angiebt.

Ich führe im Geiste zeitlich zweiunddreißig Jahrhunderte
zurück und versetze uns im Gedankenfluge auf das Gebiet
des altägyptischen Thebens. Da, wo sich heute die Trümmer
riesiger Tempel an der Ost= und Westseite des segenspen=
denden Niles erheben, in der einsamen Nähe der tauben=
reichen elenden ägyptischen Dörfer Karnak und Luxor, da
herrschte im vierzehnten Jahrhundert vor unserer Zeit=
rechnung Glanz und Pracht in den gewaltigen Tempeln
und Königswohnungen, wo Pharao Ramses Miamun,
der Erbauer der Städte Pithom und Ramses, Hof hielt,
umgeben von den Königskindern und von den Großen und
Mächtigen seines Reiches. Aber der Glanz seiner Regie=
rung, äußerlich durch Siege, Triumphe und Reichthümer
gekennzeichnet, fand seinen friedlichsten Schmuck in dem
Kranze geistiger Größen, welche am Hofe des Königs in
dem Kollegium der Hierogrammaten als Sterne erster

Größe leuchteten. Das vierzehnte Jahrhundert vor Christi Geburt sah in Theben ägyptische Poëten und Literaten und es fehlte an keinem ägyptischen Homer, welcher mit dichterischer Begeisterung die Kriege und Siege seines Königs und Herrn besang und im Liede verherrlichte. Und was keine Ueberlieferung, kein Hauch der Erinnerung von dem Andenken jener ausgezeichneten Männer erhalten hat, das haben die splitterigen Papyrusrollen, die bei ihren geplünderten Mumien und Särgen gefunden worden, getreulich aufbewahrt.

Nachdem, anfangs ihrem Werthe nach nicht erkannt und von einer Hand in die andere wandernd, die literarischen Schätze jener Epoche, in welche die Zeitgenossenschaft des großen Gesetzgebers Moses fällt, zuletzt ihren Platz in einzelnen Privatsammlungen und Museen Europas gefunden hatten, lenkte sich der wissenschaftliche Eifer auf das Studium jener Papyrusbündel, die eine so werthvolle literarische Erinnerung an die geschichtliche Vorzeit enthalten. Man entdeckte den Zusammenhang, in welchem die einzelnen Rollen mit einander stehen und überzeugte sich, daß den vielfach getheilten Inhalt der einzelnen Abschnitte das gemeinsame Band eines schriftstellerischen Musterstyles umfaßte, den zu erreichen das Streben der damaligen thebanischen Schriftgelehrten war. Zu den Koryphäen der Literatur, deren Reste sich so wunderbar bis auf den heutigen Tag erhalten haben, gehörten nach mehreren Andeutungen vor allen neun Gelehrte am Hofe Pharao's, an deren

1*

Spitze, als unerreichbar durch den Glanz seines Styles, ein gewisser Kagabu stand, mit dem Titel eines „Hüters der Bücherrollen". Der Obhut dieses altpharaonischen Ober= bibliothekar's zu Theben war sicherlich jene große Bibliothek an= vertraut, von der uns ein alter Klassiker besondere Meldung thut, mit dem Bemerken, daß dieselbe die Aufschrift getragen habe: ψυχῆς ἰατρεῖον „Heilanstalt für die Seele", Worte, welche unwillkürlich an das Nutrimentum spiritus Fried= rich's des Großen an der Königl. Bibliothek zu Berlin erinnern. Neben diesem altägyptischen Oberbibliothekar blüh= ten die anderen Meister gelehrter Bildung, deren Werke sich gleichfalls der Klassizität bei den alten Aegyptern er= freuten und deren Namen sich in diesen Rollen treu erhalten haben, wie die der Schriftgelehrten Hora, Meremapu u. A.

Was uns das Schicksal von ihren Werken in den Papy= rusrollen aufbewahrt hat, ist der mannichfachsten Art. Bald enthalten ihre Schriften Hymnen an die Götter, bald Helden= gedichte zu Ehren des Königs Ramses II., bald Ermahnungen zu einem tugendhaften Wandel auf Erden unter stetem Hin= weis auf die Belohnungen im Jenseit, bald wieder historische Betrachtungen und Reiseschilderungen in einer poëtischen Form. Ein anderer, umfangreicher Theil ihrer Schriften ist in Gestalt brieflicher Mittheilungen abgefaßt, welche ein und dasselbe Thema behandeln: welche Kaste nämlich die einzig bedeutende im Staate sei. Die guten Autoren kommen in eigenthümlicher Selbstschätzung alle darin überein, daß der S c h r i f t g e l e h r t e allein auf der Höhe der Menschheit stehe,

weil seine Arbeit nicht Arbeit und Mühe, sondern recht eigent=
lich Erholung und Genuß sei. —

So sehr der Inhalt der altägyptischen Papyrusrollen ein
gegebenes Thema variirt, so berührt dasselbe trotz mancher
philosophischen Abschweifung immer nur das Bereich der
Realität, des historischen Factums.

Die Welt der Phantasie, das eigentliche Reich des Dich=
ters, schien allein von der literarischen Wahrheit ausgeschlossen
zu sein, bis ein glücklicher Fund auch diese Lücke auf das
vollkommenste ausfüllte.

Im Jahre 1852 war eine Dame, Madame d'Orbiney,
aus London, auf einer Reise in Italien durch Kauf in den
Besitz eines schön geschriebenen altägyptischen Papyrus ge=
kommen. Auf ihrer Heimkehr legte sie die braune Rolle
mit ihren seltsamen Schriftzügen, welche neunzehn Seiten
anfüllten, einem der ersten jetzt lebenden Kenner der alt=
ägyptischen Sprache und Schrift, dem Kaiserl. Direktor der
ägyptischen Sammlung zu Paris, Herrn Vicomte de Rougé,
vor, der mit jenem Scharfblick, welcher seine Studien aus=
zeichnet, sofort den eigenthümlichen Inhalt des Papyrus er=
kannte, indem er denselben als ein altägyptisches Märchen
bezeichnete.

In einem kurzen Aufsatze, abgedruckt in der Revue
archéologique, theilte der französische Akademiker diese merk=
würdige Thatsache dem gelehrten Publikum mit und erhärtete
durch eine freilich nur bruchstückweise Uebertragung aus
erstem Gusse die Wahrheit seiner Behauptung.

Der Auffaß des franz. Vicomte hatte den Papyrus oder, wie er von nun an hieß, den Papyrus d'Orbiney in eine werthvolle Aktie verwandelt, die einzulösen die Fonds des Louvre nicht hinreichten. Wie gewöhnlich wanderte der zerbrechliche Schatz nach England, wo die reichen Mittel des britischen Museums nicht nur die Erwerbung der Rolle gestatteten, sondern auch eine möglichst genaue Copie des Originals in einer splendiden Publikation der gelehrten Welt zugänglich machten. Trotz der Veröffentlichung des altägyptischen Textes seit vier Jahren ist der Papyrus ein verschlossenes Buch geblieben, das ganz zu lesen bisher Niemand unternahm. Neben der Vicomte de Rougé'schen Arbeit und zwei englischen Auszügen ist Nichts geschrieben, was irgend wie einer getreuen, vollständigen Uebersetzung gliche.

Somit wird mir das Glück zu Theil, an dieser Stelle in einer deutschen wörtlichen Uebertragung, nach dreitausendjähriger Pause zum ersten Male ein Märchen wieder zu erzählen, das vom ägyptischen Schriftgelehrten Annana für den genauen Zeitgenossen Moses, für den Königssohn Seti Mernephtah, das Kind des Pharao Ramses Miamun, niedergeschrieben ward. Daß die alten Aegypter das Märchen zu den besten Werken ihrer damaligen Literatur zählten, beweist der kritische Zusatz am Schlusse:

„Für so gut befunden, um beigesellt zu werden den Namen des pharaonischen Schriftgelehrten Kagabu und des Schriftgelehrten Hora und des Schriftgelehrten Meremapu.

Verfaßt ist es vom Schriftgelehrten Annana, dem Besitzer dieser Rolle. Möge der Gott Thoth alle Worte, welche in dieser Rolle enthalten sind, vor Untergang bewahren."

Die Sprache und der Ausdruck im Papyrus d'Orbiney, wie in der Mehrzahl der altägyptischen Literaturwerke aus der Zeit des vierzehnten Jahrhunderts vor unserer Zeit= rechnung, ist einfach, ungekünstelt, die Anschauung lebhaft und Phantasie verrathend, die Auffassung nach der Gefühls= seite hin, homerisch = kindlich, urmenschlich. Der ganze Styl erinnert lebhaft an die biblische Einfachheit in Wort und Gedanken, Wiederholungen nicht ausgeschlossen, die gerade in ihrer Monotonie an die Anfänge alles schrift= lichen Ausdruckes erinnern. Selbst die folgende deutsche Uebersetzung, die Wort für Wort dem ägyptischen Ausdruck folgt, wird die angedeutete Eigenthümlichkeit des alten ägyptischen Literaturstyles nicht ganz zu verwischen vermögen.

Seite 1.

1. „Da waren zwei Brüder von einer Mutter und von einem Vater. Anepu hieß der ältere, Batau hieß der jüngere. Da nun hatte Anepu ein Haus und hatte eine Frau.

2. Sein jüngerer Bruder war bei ihm gleichwie ein Kind und jener machte ihm Kleider. Er ging hinter seinen Rindern auf dem Felde.

3. [nur wenn] die Feldarbeit des Pflügens verrichtet wurde, dann mußte er allerlei Arbeit des Feldes mit ver= richten helfen. Und siehe! sein jüngerer Bruder

4. war ein guter Arbeiter, nicht gab es seinesgleichen im ganzen Lande [. . . . .]. Nachdem der Tage viel geworden waren nach diesem, da war der jüngere Bruder

5. bei seinen Rindern, wie es seine tägliche Gewohn= heit war, so trieb er sie auch heim nach seinem Hause allabendlich, und beladen

6. mit allerlei Kraut des Feldes [kehrte er heim vom Felde?], auf daß er das Kraut seinen [Thieren] vorlegte. Der ältere Bruder saß dann bei

7. seinem Weibe, auf daß er tränke und äße [während der jüngere Bruder] in seinem Stalle war bei seinen Rindern.

8. Wenn nun die Erde hell ward und ein neuer Tag anbrach und die Lampe [nicht mehr brannte], dann stand er auf (?) vor seinem älteren Bruder und brachte

9. die Brote nach dem Felde, auf daß er sie gäbe den Arbeitern, um zu essen auf dem Felde. Dann ging er hinter seinen Rindern

10. und sie sagten ihm immer, wo das gute Kraut war, und er hörte auf alle ihre Worte und er trieb sie nach der Stelle

Seite 2.

1. wo das gute Kraut war, welches sie gern hatten. Und die Rinder, welche vor ihm waren, wurden gar herr= lich und sie mehrten ihre Zahl

2. gar sehr. Da war nun die Zeit des Pflügens.

Und sein älterer Bruder redete zu ihm: Laß uns das Gespann nehmen

3. um zu pflügen, denn die Felder treten hervor (nach der Ueberschwemmung) und die [Zeit] ist gut, sie zu pflügen. Darum sollst du kommen

4. auf das Feld mit der Aussaat, denn wir wollen uns mit dem Pflügen beschäftigen [. . .] Also sprach er zu ihm. Und sein

5. jüngerer Bruder that in aller Weise, wie sein älterer Bruder zu ihm geredet hatte [. .]. Und als die Erde hell geworden war und

6. ein neuer Tag entstanden, da gingen sie nach dem Felde mit ihrem [Gespann] und hatten Fülle an Feldarbeit [und]

7. waren fröhlich gar sehr über die Verrichtung ihres Werkes [. . . . .] Nachdem der Tage

8. viel geworden nach diesem, da waren sie auf dem Felde und [sie hatten Mangel an Aussaat] und er sendete seinen

9. jüngeren Bruder, indem er also redete: Eile und bringe uns Aussaat aus dem Dorfe. Und sein jüngerer Bruder fand das Weib

10. seines älteren Bruders, wie sie beim Flechten ihrer Haare saß. Da redete er zu ihr: stehe auf und gieb mir Aussaat,

Seite 3.

1. denn ich muß auf das Feld eilen, weil mein Bruder

mir [geboten hat?] zurückzukehren ohne Aufenthalt. Da redete [sie] zu ihm: Geh,

2. öffne die Kornkammer, auf daß du nehmest, was deine Seele begehrt, [denn] es möchte mein Haar auseinander gehen auf dem Wege. Da ging der Jüngling

3. hinein in seinen Stall und er nahm einen großen Korb, weil er wünschte, viele Körner zu tragen, und er lud auf sich

4. Weizen und Gerste und trat hinaus damit. Da redete sie zu ihm: Wie viel [trägst du?] und er sprach zu ihr: Drei Maaß Gerste

5. und zwei Maaß Weizen, im Ganzen fünf Maaß, die auf meinem Arme sind. So sagte er zu ihr. Da [redete sie zu ihm], indem sie sprach: Es ist [groß] deine

6. Stärke, und ich habe immerdar deine Kraft geschaut! und ihr Herz erkannte ihn [. . . . .] und sie [. . . . . .

7. . . . . . .] entbrannte nach ihm und redete zu ihm: Komm! wir wollen eine Stunde feiern und ruhen. Schmücke dich; ich werde dir

8. schöne Kleider geben. Da wurde der Jüngling einem Panther gleich vor Zorn ob dieser schlechten

9. Rede, welche sie zu ihm gesprochen hatte, und siehe! sie fürchtete sich gar sehr. Und er redete zu ihr, indem er sprach: Du, o Weib,

10. bist mir in der Weise einer Mutter und dein Mann ist mir in der Weise eines Vaters. Denn er ist älter als ich, als ob er mein Erzeuger wäre. Was

Seite 4.

1. ift das für eine große Sünde, was du zu mir ge=
sprochen haft. Nicht mögeft du es noch einmal sprechen,
noch werde ich es sagen Einem, noch [werde ich] ein Wort
darüber herausgehen laffen aus meinem Munde zu irgend
einem Menschen!

2. Und er belud sich mit seiner Last und er ging nach dem
Felde. Da kam er zu seinem älteren Bruder und sie waren
voller Arbeit und sie

3. thaten ihr Werk. Nachdem der Tag vergangen
war und der Abend angebrochen, da kehrte der ältere
Bruder nach seinem Hause

4. heim. Sein jüngerer Bruder war hinter seinen
Rindern und er hatte sich beladen mit allerlei Kraut vom
Felde, auf daß er triebe seine Rinder

5. vor sich her zum Nachtlager nach ihrem Stalle im
Dorfe. Und siehe! das Weib seines älteren Brudes fürch=
tete sich

6. ob der Rede, so sie gesprochen hatte. Da schnitt sie
sich Wunden (?) und sie stellte sich wie Jemand, dem von
einem Bösewicht Gewalt angethan ist, indem

7. sie ihrem Manne zu sagen wünschte: Dein jüngerer
Bruder hat mir Gewalt angethan. Ihr Mann aber kehrte
heim am Abend

8. nach seiner täglichen Gewohnheit, und er trat ein in
sein Haus und er fand sein Weib daliegend, wie von einem
Bösewicht mit Gewaltthat behandelt.

9. Und nicht gab sie Wasser auf seine Hand nach seiner Gewohnheit und nicht zündete sie die Lampe vor ihm an und sein Haus war finster. Und sie lag

10. entblößt da. Und ihr Mann redete zu ihr: Wer hat mit dir gesprochen? stehe auf. Da redete sie zu ihm: Niemand hat mit mir gesprochen, außer deinem

Seite 5.

1. jüngeren Bruder, denn als er gekommen war, um dir Körner zu bringen, da fand er mich allein sitzend und er redete zu mir: Komm! laß uns eine Stunde feiern und ruhen.

2. Ziehe deine [schönen Kleider] an. Also redete er zu mir. Ich aber hörte nicht auf ihn, (sondern sprach): Siehe! bin ich nicht deine Mutter und dein älterer Bruder, ist er nicht zu dir nach der Weise eines Vaters?

3. Also redete ich zu ihm. Und er fürchtete sich und er that mir Gewalt an, auf daß ich nichts anzeigen sollte. Wenn du ihn noch leben läßt, so werde ich sterben. Schau!

4. Er war gekommen, um [. . . . .] wenn ich ertrage diese böse Rede, so wird er es thun sicherlich (?) Da wurde sein älterer Bruder

5. dem Panther gleich und er machte sein Beil scharf und nahm es in seine Hand. Und sein älterer (Bruder) stellte sich hinter die Thüre

6. seines Stalles, um seinen jüngeren Bruder zu töbten bei seiner Ankunft am Abend, wann er hineintrieb seine Rinder in den

7. Stall. Als nun die Sonne unterging und er sich beladen hatte mit allerlei Kraut des Feldes nach seiner täglichen Gewohnheit, da

8. kam er an und die erste Kuh trat in den Stall. Da redete sie zu ihrem Hirten: Hüte dich vor deinem älteren Bruder, der da steht

9. vor dir mit seinem Beile, um dich zu tödten. Bleibe fern von ihm. Und er hörte die Rede seiner ersten Kuh.

Seite 6.

1. Da trat die andere hinein und redete solches in gleicher Weise. Und er schaute unter die Thüre seines Stalles

2. und er erblickte die Beine seines älteren Bruders, der hinter der Thüre stand, sein Beil in seiner Hand.

3. Und er legte seine Last zur Erde nieder und floh jählings von bannen und sein

4. älterer Bruder folgte ihm nach mit seinem Beile. Und es flehte sein jüngerer Bruder zum Sonnengotte Harmachis,

5. indem er sprach: Mein guter Herr, du bist es, welcher unterscheidet die Lüge von der Wahrheit! Und es stand der Sonnengott um

6. zu hören alle seine Klage und der Sonnengott ließ ein großes Wasser entstehen zwischen ihm und zwischen seinem älteren (Bruder) und es war

7. voller Krokodile. Und der eine von ihnen war auf dem einen Ufer und der andere auf dem anderen.

8. Sein älterer Bruder that zwei Schläge mit seiner

Hand, aber er vermochte ihn nicht zu tödten. Also that er. Und sein

9. jüngerer Bruder rief ihm zu von dem Ufer aus, indem er sprach: Bleibe und harre bis hell sein wird die Erde, und wenn die Sonnenscheibe emportaucht, dann werde ich

Seite 7.

1. mich dir eröffnen vor ihr, um die Wahrheit erkennen zu geben, denn niemals habe ich dir Böses zugefügt.

2. Aber an dem Orte, wo du bist, werde ich nicht weilen, sondern ich werde nach dem Cedernberge gehen. Nach= dem die Erde hell geworden war und der andere Tag entstanden, da

3. tauchte der Sonnengott Harmachis empor, und es schaute einer von ihnen den andern. Und der Jüngling redete zu seinem älteren Bruder, indem er sprach:

4. Warum folgst du mir nach, um mich zu tödten mit Ungerechtigkeit? Hörst du nicht, was mein Mund spricht, nämlich: Ich bin dein jüngerer wirklicher Bruder, und

5. du warst mir in der Weise eines Vaters und dein Weib in der Weise einer Mutter. Siehe, war es nicht so, als du mich gesendet hattest, um Körner zu holen, daß dein

6. Weib zu mir redete: Komm! wir wollen eine Stunde feiern und ruhen?! Nun schaue, sie hat dir alles umgedreht. Und er machte

7. ihn wissen von dem, was zwischen ihm und seinem Weibe geschehen war. Und er schwur bei dem Sonnen= gotte Harmachis, indem er sprach: Wenn das

8. deine Absicht ist, um zu tödten mit Ungerechtigkeit, so stecke dein Beil in die Oeffnung deines Gürtels (?). Und er holte ein

9. scharfes Messer hervor und er schnitt sich ein Glied seines Körpers ab und warf es in das Wasser und die Fische fraßen es.   Da

Seite 8.

1. sank er in Ohnmacht und wurde todtmatt, aber die Seele seines älteren Bruders wurde gar sehr betrübt. Und er stand da, weinte und klagte, und konnte doch nicht hinüber= gehen zu seinem jüngeren Bruder wegen der Krokodile.

2. Und sein jüngerer Bruder rief ihm zu, indem er also sprach: Siehe, du erfannest Böses und nicht hattest du Gutes im Sinn dafür. Doch will ich dir Eines kund thun, was du machen mußt. Gehe nach deinem Hause,

3. besorge dein Vieh, denn ich werde da nicht bleiben, wo du weilst, sondern ich werde nach dem Cedernberge gehen. Das nun sollst du mir thun, wenn du kommst, um dich nach mir umzusehen.

4. Wisse nämlich, ich muß mich trennen von meiner Seele, so daß ich sie lege in die Spitze der Blüthe der Ceder. Und wenn einmal zerschnitten werden wird der Cedernbaum, so wird sie fallen auf die Erde.

5. Wenn du kommst, um sie zu suchen, so weile sieben Jahre, um sie zu suchen, und wenn deine Seele das er= trägt, so wirst du sie finden. Dann lege sie in ein Gefäß mit kaltem Wasser. So werde ich von Neuem aufleben und werde Antwort geben

6. auf alle Frage, um kund zu thun, was mit mir weiter geschehen muß. Laß auch eine Flasche mit Gerstentrank bei deiner Hand sein, verpiche sie, und zögere nicht damit, daß sie bei dir sei. Und er ging

7. nach dem Cedernberge und sein älterer Bruder begab sich nach seinem Hause, legte seine Hand auf sein Haupt und streute Erde darauf. Als er in sein Haus eingetreten war, tödtete er

8. sein Weib, warf sie den Hunden vor, und setzte sich nieder, um über seinen jüngeren Bruder Leide zu tragen. Nach vielen Tagen später befand sich sein jüngerer Bruder auf dem Cedernberge,

10. und Niemand war bei ihm und er verbrachte den Tag damit, die Thiere des Landes zu jagen, und kam des Abends, um sich niederzulegen unter den Cedernbaum, in dessen Blüthenspitze seine Seele lag. Viele

Seite 9.

1. Tage später baute er sich eine Hütte mit seiner Hand (auf) dem Cedernberge

2. und füllte sie mit allem Guten an, was er in seinem Hause haben wollte. Als er aus seiner Hütte heraus ging, da begegnete er der Neunzahl der Götter,

3. welche ausgegangen war, um für das ganze Land Sorge zu tragen. Und die Schaar der Götter redete untereinander (und) sprach zu ihm:

4. Oh! Batau, du Stier der Götter, warum bist du

doch allein, warum hast du dein Land verlassen vor dem Weibe des Anepu, deines älteren

5. Bruders? Siehe seine Frau ist getödtet. Kehre zurück zu ihm, er wird dir alle Fragen beantworten. Und ihr Herz erbarmte sich

6. seiner gar sehr. Da sprach der Sonnengott Harmachis zum Chnum: Bilde doch ein Weib dem Batau, damit

7. er nicht allein sitze. Und Chnum bildete ihm ein Weib, und als sie da saß, war sie schöneren Leibes, denn alle Weiber im

8. ganzen Lande, alle Gottheit war in ihr. Und die sieben Zahl der Hathoren kamen und schauten sie an und sie sprachen mit einem

9. Munde: Sie wird eines gewaltsamen Todes sterben Und er liebte sie gar sehr und sie aß in seinem Hause, während er den Tag damit verbrachte,

Seite 10.

1. um die Thiere des Landes zu jagen und die Beute vor sie hinzulegen. Und er sprach zu ihr: Gehe nicht aus, damit du nicht dem Meere begegnest,

2. daß es dich entführe; denn nicht vermöchte ich dich zu retten vor ihm, dieweil ich bin weibisch wie du, weil meine Seele in der Spitze der

3. Cedernblume liegt. Wenn sie ein anderer findet, so muß ich darum kämpfen. Und er öffnete ihr sein Herz in seiner ganzen Weite.

4. Viele Tage später war Batau ausgegangen, um zu jagen nach seiner alltäglichen Gewohnheit;

5. das junge Weib aber hatte sich hinaus begeben, um zu wandeln unter der Ceder, welche bei ihrem Hause stand. Siehe! es erblickte sie das Meer

6. und stieg empor hinter ihr, sie aber rettete sich eiligen Laufes vor ihm und trat in ihr Haus.

7. Das Meer aber rief der Ceder zu, indem es sprach: Oh! wie liebe ich sie. Da gab ihm die Ceder eine Locke ihres Haares. Und das

8. Meer führte sie nach Aegypten. Und es legte sie an der Stelle nieder, wo die Wäscher des Hauses Pharao waren. Und der Geruch

9. der Haarlocke theilte sich den Kleidern Pharao's mit, und es erhob sich ein Streit unter den Wäschern

10. Pharao's, indem sie sprachen: Ein Geruch von Salböl ist in den Kleidern Pharao's! und ein Streit entspann sich täglich darüber.

Seite 11.

1. Und sie wußten nicht, was sie thaten. Der Oberste der Wäscher Pharao's aber ging nach der See und seine Seele war bekümmert

2. gar sehr wegen des täglichen Streites darüber. Und er stellte sich auf und stand an dem Ufer gegenüber der Haarlocke,

3. welche in dem Meere lag. Da bückte er sich nieder und erfaßte die Haarlocke. Und es befand sich ein über die

Maßen süßer Geruch darin. Da brachte er sie zum Pharao. Und es wurden herbeigeholt die kundigen Schriftgelehrten Pharao's. Und sie redeten zum Pharao: Das ist die. Haarlocke

5. einer Tochter des Sonnengottes und alle Gottheit ist in ihr. Das ganze Land huldigt dir. Wohlan, schicke Boten

6. in alle Lande, um sie aufzusuchen, doch den Boten, welcher nach dem Cedernberge gehen wird, den laß begleiten von vielen Leuten,

7. um sie herbeizuholen. Und siehe, der König sprach: Es ist gar sehr gut das, was ihr gesagt habt! und es wurde ausgesendet. Viele Tage später

8. kamen die Leute, welche nach den Landen gegangen waren, um dem Könige Botschaft zu melden, aber nicht kamen die,

9. welche nach dem Cedern=Berge gegangen waren, denn Batau hatte sie getödtet, und nur einen von ihnen hatte er übrig gelassen, um Botschaft dem König zu melden.

10. Und der König sendete Leute aus, viele Krieger zu Fuß und zu Roß, um sie von Neuem zu holen.

Seite 12.

1. Und es war auch ein Weib unter ihnen. Dieser gab man alle Arten herrlichen Frauen=Schmuckwerkes in die Hand. Da kam das Weib nach

2. Aegypten mit ihr, und es war großer Jubel ihretwegen im ganzen Lande. Und der König liebte sie gar sehr,

2*

3. und er erhob sie zur Großschönheit. Und man redete ihr zu, damit sie offenbaren sollte die Geschichte

4. ihres Mannes. Da sprach sie zum Könige: Laß den Cedernbaum abschneiden, damit er vernichtet werde! Da

5. sendete man bewaffnete Leute, welche ihre Beile trugen, um den Cedernbaum abzuschneiden. Und sie kamen

6. zur Ceder und schnitten die Blume ab, in deren Mitte die Seele des Batau war.

7. Da fiel sie ab und er starb in kurzer Zeit. Nach= dem die Erde hell geworden war und ein neuer Tag erstanden, da ward

8. auch der Cedernbaum abgeschnitten. Und es ging Anepu, der ältere Bruder des Batau, in sein Haus und

9. setzte sich nieder, um seine Hand zu waschen. Und nahm einen Krug mit Gerstentrank, den er mit Pech ver= schloß,

10. und einen anderen mit Wein, den er mit Thon ver= stopfte. Und er nahm seinen Stock

Seite 13.

1. und seine Schuhe sammt seinen Kleidern und sei= nen Reisevorrath und er begab sich auf den Weg

2. nach dem Cedern=Berge. Und er kam zur Hütte sei= nes jüngeren Bruders und fand seinen jüngeren Bruder ausgestreckt liegen

3. auf seiner Matte. Er war todt. Und er fing an zu weinen, als er den jüngeren Bruder erblickte ausgestreckt liegen in dem Zustande eines Todten. Da ging er aus

4. um die Seele seines jüngeren Bruders zu suchen unter der Ceder, unter welche sich sein jüngerer Bruder am Abend niederlegte.

5. Und er suchte sie drei Jahre, ohne sie zu finden. Und als das vierte Jahr herbeigekommen war, da sehnte sich seine Seele nach Aegypten zurück

6. und er sprach: Ich werde morgen früh gehen. So war seine Absicht. Nachdem die Erde hell geworden, und ein neuer Tag erstanden, da machte er sich auf

7. den Weg unter die Ceder, und er war den Tag über beschäftigt, die Seele zu suchen. Und als er heimkehrte am Abend und sich noch einmal umschaute, sie zu suchen,

8. da fand er eine Frucht, und als er mit selbiger heimgekehrt war, siehe! da war dies die Seele seines jüngeren Bruders. Da nahm er das

9. Gefäß mit kaltem Wasser, legte sie hinein und setzte sich nieder, wie es seine tägliche Gewohnheit war. Nachdem es nun Nacht geworden war

Seite 14.

1. da saugte die Seele das Wasser ein und Batau regte sich an allen seinen Gliedern und schaute seinen älteren Bruder an.

2. Sein Herz aber war unbeweglich. Und es nahm Anepu, sein älterer Bruder, das Gefäß mit dem kalten Wasser, worin die Seele

3. seines jüngeren Bruders war, ließ es ihn austrinken, und siehe da! die Seele befand sich an ihrer alten Stelle.

Da war er gleich wie er früher gewesen war. Es um=
armte einer

4. den andern von ihnen und der eine redete mit dem
anderen. Und Batau sagte zu seinem

5. älteren Bruder: Schau! ich werde mich in einen
heiligen Stier verwandeln mit allen heiligen Zeichen, nicht
wird man sein Geheimniß

6. kennen, und du setze dich auf den Rücken. Und so
die Sonne aufgehen wird, werden wir an dem Orte sein,
wo mein Weib ist. Antworte,

7. ob du mich dorthin führen willst? denn man wird dir
alles Gute erweisen, wie es sich gebührt. Man wird

8. dich beladen mit Silber und Gold, wenn du mich
hinführst zum Pharao, denn ich werde zum großen Glücke
sein

9. und man wird mir zujauchzen im ganzen Lande. Du
aber gehe nach deinem Dorfe. Nachdem die Erde hell
geworden

Seite 15.

1. und ein neuer Tag geworden, da hatte Batau
die Gestalt angenommen, welche er seinem Bruder beschrie=
ben hatte. Und Anepu,

2. sein älterer Bruder, setzte sich auf seinen Rücken bei
Tagesanbruch. Und er näherte sich dem Orte, und man
ließ es

3. den König wissen; der aber schaute ihn an und war
gar sehr erfreut, feierte ihm

4. ein Feſt, größer als zu ſagen, denn es war das ein großes Glück. Und es war Jubel ſeinetwegen im ganzen Lande. Und man

5. trug herzu Silber und Gold für ſeinen älteren Bruder, welcher in ſeinem Dorfe blieb, und man gab dem Stiere viele Diener

6. und viele Dinge, und Pharao liebte ihn gar ſehr, mehr als irgend einen Menſchen im ganzen Lande.

7. Nach vielen Tagen ſpäter ging der Stier in das Heiligthum hinein und ſtand an

8. demſelben Orte, wo die Schöne war. Da redete er zu ihr, indem er ſprach: Schau her, noch lebe ich in der That! Da

9. ſprach ſie: Wer biſt du denn? Und er redete zu ihr: Ich bin Batau, du lehrteſt damals,

10. als du die Ceder fällen ließeſt, Pharao kennen, wo ich wäre, auf daß ich fürder nicht lebete.

Seite 16.

1. Schaue mich an, ich lebe noch in der That, ich bin nur in der Geſtalt eines Stieres. Da war das ſchöne Weib gar ſehr in Furcht ob der Kunde, ſo

2. ihr Mann zu ihr geſprochen hatte. Und als er hinausgegangen war aus dem Heiligthum, und der König, um ſich einen guten Tag zu machen, mit ihr beiſammen ſaß,

3. und ſie ſich in der Gunſt des Königs befand, und er ihr über alle Maßen Gnade erwies, da ſprach ſie zum König: Schwöre mir bei Gott,

4. Alles zu erfüllen, was ich dir sagen werde. Da erfüllte er ihr Alles, was sie sagte, und sie sprach: Laß mich von der Leber dieses Stieres essen,

5. denn nicht du seiner bedarfst. Also sprach sie zu ihm; da war er gar sehr traurig über das, was sie geredet hatte, und die Seele

6. Pharao's war über die Maßen betrübt. Nachdem die Erde hell geworden und ein neuer Tag erstanden, da bereitete man große Feste vor,

7. um dem Stiere Opfer darzubringen. Aber da ging aus Einer von den ersten Dienern des Königs, um den Stier zu schlachten. Und es

8. geschah hernach, als man ihn schlachten wollte, da standen Leute an seiner Seite. Und wie er ihm einen Schlag auf seinen Nacken gab, da

9. sprangen zwei Blutstropfen auf die Stelle hin, wo die beiden Thürpfosten des Königs sind, der eine befand sich an der einen Seite des

10. Thores Pharao's und der andere an der anderen Seite. Sie aber wuchsen empor zu zwei großen Persea-Bäumen.

Seite 17.

1. Und ein jeder von ihnen stand allein. Da ging man zum König, um ihm zu sagen: zwei große Persea

2. sind zum großen Glücke des Königs in der Nacht gewachsen an dem Orte, wo sich das große Thor des Königs befindet und es ist Freude

3. ihretwegen im ganzen Lande. Nach vielen Tagen später, da war der König

4. geschmückt mit dem Halsbande von Lapis=lazuli, und schöne Blumenkränze befanden sich an seinem Nacken. Er war auf einem goldenen Wagen

5. und als er heraus trat aus dem Königs = Hause, da schaute er die Perseabäume an. Und es war die schöne Frau ausgegangen auf einem Wagen hinter dem Pharao.

6. Und der König setzte sich unter eine Persea hin. Die aber sprach zu seinem Weibe: Ha, du Falsche, ich bin

7. Batau, noch lebe ich, ich habe mich verwandelt. Du lehrtest den Pharao, um mich zu tödten,

8. meinen Aufenthalt; ich war der Stier und du ließest mich tödten. Nach vielen Tagen später

9. stand die Schöne in der Gunst des Königs und er erwies ihr Gnade. Da sprach sie zum König: Wohlan,

10. schwöre mir bei Gott, alles das zu thun, was ich sagen werde. Auch da erfüllte er

Seite 18.

1. ihre ganze Rede und sie sprach: Laß die beiden Persea=Bäume absägen, damit schöne Bretter daraus gemacht werden,

2. und man erfüllte alle ihre Worte. Nach vielen Tagen später, da ließ der König

3. kundige Arbeiter kommen, um die Persea Pharao's abzuschneiden, und die schöne Königin stand dabei und sah es.

4. Und es flog ein Holzspahn weg und fuhr in den Mund der schönen Frau, und

5. sie erkannte, daß sie schwanger war. [. . . . . . .] Und man that

6. alles, was ihre Seele begehrte. Und es begab sich nach vielen Tagen,

7. daß sie ein Knäblein gebar, und man ging, um dem König zu melden: Dir ist

8. ein Knäblein geboren. Und er wurde herbeigebracht und man gab ihm eine Amme und Wärterinnen, und es war

9. Freude im ganzen Lande. Man setzte sich nieder, um einen Festtag zu feiern, man gab ihm

10. seinen Namen, und der König liebte ihn gar sehr von Stund an und er ernannte ihn

Seite 19.

1. zum Königssohn von Aethiopien. Nachdem der Tage viel geworden waren nach diesem, machte ihn der König

2. zum Statthalter des ganzen Landes. Nachdem der Tage viel geworden waren nach diesem, da hatte er erfüllt

3. viele Jahre als Statthalter, da starb der König und es flog Pharao gen Himmel.

4. Und es sprach jener: Wohlan, laßt mir herbeiholen die Mächtigen und Großen des Königlichen Hofes, ich werde sie kennen lehren die ganze Geschichte,

5. welche in Bezug auf mich und die Königin ge=

schehen ist. Und es ward zu ihm geführt sein Weib und
er gab sich ihr zu erkennen vor ihnen und sie sprachen ihren
Spruch.

6. Und man brachte zu ihm seinen älteren Bruder und
er machte ihn zum Statthalter in seinem ganzen Lande. Er
regierte dreißig Jahre als König von Aegypten.

7. Nachdem er die dreißig noch gelebt, da stand sein
Bruder an seiner Stelle an dem Tage seines Begräbnisses."

Hiermit endet das 3000jährige Märchen, — gewiß das
älteste, welches die längst untergegangene Culturwelt der vor-
christlichen Zeit aufzuweisen hat, — mit allen seinen Einzel-
heiten über Sitten, Gewohnheiten und Anschauungen der
alten Aegypter und mit seinen wundersamen Anklängen an
manches Märchen unserer Zeit. Ob der Schriftgelehrte
Annana der Erfinder desselben war, ob er es irgend wo gehört
und in einer vollendeten Form niedergeschrieben hatte, das sind
Fragen, die den Werth desselben in keiner Weise weder er-
höhen noch vermindern. Das Märchen ist und bleibt ehr-
würdig durch seinen Ursprung und durch sein nachweisbar
hohes Alter. Die Sprache erinnert, wie ich bereits
bemerkt hatte, auf das lebendigste an den Ausdruck der
biblischen Bücher, welche den Namen des Moses führen,
und wir dürfen voraussetzen, daß dies die Sprache der
Lehrer war, welche den Moses in aller Weisheit der
Aegypter erzogen. Neben derselben gemahnt die eigenthümliche Scene zwischen der Frau des Anepu und ihrem

tugendhaften Schwager Batau an das ganz ähnliche Schicksal des tugendhaften Joseph mit der Frau des Potiphar.

Die alten Aegypter mußten einen reichen Schatz ur= alter Märchen besitzen, das lehren uns vor Allem die Nach= richten der griechischen und römischen Reisenden, wie Herodot, Diodor u. a., welche manche märchenhafte Erzäh= lung nach den Angaben der Priester enthalten, denen man einen historischen Hintergrund abzugewinnen sich vergeblich bemüht hat. Das Märchen und was damit im Zusam= menhang steht, die Fabel ist eine Symbolik der Kindheit, des einzelnen Menschen, wie der Menschheit im Großen und Ganzen — und diese Symbolik tritt in Aegypten selbst in die Götterwelt ein, wo das Märchen in Gestalt des kind= lichsten Mythos auftritt. Auf den Thierkultus ausgedehnt, dessen Bedeutung für Aegypten nicht erst zu erweisen ist, bildet diese Symbolik den natürlichsten Uebergang zur Thier= fabel, die von Aegypten aus weiter getragen, in der grie= chischen Thierfabel des Aesop, für dessen ägyptische Herkunft neuerdings Gelehrte eingetreten sind, ihren Gipfelpunkt erreichte.

Zum Schlusse dieser Betrachtungen soll nicht verschwie= gen sein, daß die Uebersetzung des altägyptischen Märchens kein philologisches Kunststück oder gar ein Meisterwerk mei= ner Muße ist. Mein bescheidenes Verdienst beschränkt sich einzig und allein auf eine Anwendung der Regeln der hieroglyphischen Grammatik, wie sie heut zu Tage Gemein= gut der Wissenschaft geworden sind, auf einen gegebenen

Text. Daß dieser Text in seiner Papyrushülle einen mär=
chenhaften Kern birgt, dafür müssen wir dem Schicksal und
dem ägyptischen Schriftgelehrten Annana am Hofe Ramses II.
Dank wissen.

————

Moses und die Denkmäler.

———

Wenn auf irgend einem Gebiete des menschlichen Wissens die zur Rede wiedererweckten Zeugnisse der altägyptischen Denkmäler unsere Theilnahme zu beanspruchen berechtigt sind: so muß dies vor allem und im höchsten Maße da geschehen, wo diese Urkunden in historischer Gleichzeitigkeit sich mit den in der Heiligen Schrift enthaltenen Ueberlieferungen berühren und den besonnenen Forscher zu einer Vergleichung zwischen den Nachrichten der erhaltenen Denkmäler und den überlieferten Worten der heiligsten Urkunde des Christenthums auffordern. Bei der gleichsam erst anbrechenden Morgenröthe der altägyptischen Denkmälerkunde erhellt der Morgenstrahl der Aufklärung das Dunkel der ältesten und ehrwürdigsten Ereignisse zwar oftmals nur wie Nebelflimmer, aber der Wiederschein des tagenden Lichtes reicht bereits tief genug, um die äußeren Umrisse der ungegliederten Massen im Hintergrunde der ältesten

Geschichte deutlich sichtbar hervortreten und zu bestimmten Formen gestalten zu lassen. Es liegt an den Forschern, mit ruhigem, besonnenem Auge den Linien zu folgen und was nebelhaft zu verschwimmen scheint, in glücklicher Combination der einzelnen Theile zu einem Gesammtbilde zu vereinigen.

Ich habe aus dem reichen Schatze der heiligen Geschichten, insoweit sie mit Aegypten in näherer oder entfernterer Beziehung zusammenhängen, denjenigen Abschnitt zum Gegenstande dieses Vortrages gewählt, welcher durch den leuchtenden Namen des großen Gesetzgebers des jüdischen Volkes: Moses, in der würdigsten und hinlänglichsten Weise seine historische Bezeichnung und Begründung findet. Ich darf eine volle Bekanntschaft mit der Geschichte Moses und des Auszuges des jüdischen Volkes aus Aegypten annehmen und deshalb die Ausführung meiner Besprechung in der Weise vereinfachen, daß ich die vorhandenen Nachrichten, welche bis jetzt mit Sicherheit auf den altägyptischen Denkmälern urkundlich nachgewiesen worden sind, den einzelnen Angaben der Heiligen Schrift vergleichend gegenüberstelle.

Ohne auf chronologische Bestimmungen näher eingehen zu wollen, deren Genauigkeit je nach den Meinungen einzelner Gelehrter von Fach zwischen Differenzen von 50 bis 60 Jahren hin und her schwankt, steht dennoch so viel als Ergebniß der neuesten monumentalen Forschung fest, daß die Zeit zwischen dem Einzuge und dem Auszuge der Kinder Israel in und aus Aegypten, von einer der Glanzepochen der Geschichte des ägyptischen Pharaonenreiches erfüllt wird:

näher bezeichnet als die Epoche der 18. Dynastie thebanischer Könige. Lange Reihen ägyptischer Herrscher, nach Königs= häusern und Dynastien geordnet, von den ältesten in Memphis residirenden, durch die Erbauung der riesigen Pyramiden=Gräber hochberühmten Königen an bis zu den im Mittelpunkte des südlichen Aegyptens, in Theben, herr= schenden Königsgeschlechtern, hatten an zwanzig Jahrhun= derte in dem ägyptischen Doppelreiche in Ruhm und Glanz regiert, als plötzlich, wie es in den Ueberlieferungen heißt, von den Assyrern gedrängt, zahllose, Viehzucht treibende Wanderstämme semitischen Ursprunges von Osten her über die heutige Landenge von Suez in Aegypten einbrachen und sehr bald, von kriegerischen Führern organisirt, die blühenden Theile des östlichen Deltalandes besetzten.

Sie überwanden die ägyptischen Heere, brachen die Pha= raonenherrschaften in den östlich gelegenen Städten des Unterlandes und erwählten sich eigene Könige, welche in der Stadt Tanis, oder wie sie ägyptisch hieß Hauar (Avaris), ihre Residenz und ihre Heerlager aufschlugen. Mit dem ersten Erfolge wuchs der Muth der fremden Eindringlinge, welche zuletzt nicht nur das ganze unterägyptische Deltaland bis Memphis eroberten, sondern auch den im südlichen Aegyp= ten herrschenden Königen Zins und Gehorsam auferlegten. Die Aegypter mußten sich über fünfhundert Jahre lang den Druck der Fremden gefallen lassen, welche die Inschriften bald mit dem Worte Amu, d. h. Ochsenhirten bald mit dem Epitheton der Aadu, d. h. der Verhaßten, der Frevler bezeichneten.

Unter den Königen der fremden Ochsenhirten war es besonders Einer, Namens Apophis, welcher sich hoffärtig dem
ägyptischen König in Theben gegenüber benahm. Jener
residirte, wie seine Vorgänger, in Tanis, woselbst er mit
Ausschluß aller sonstigen Gottheiten dem Sutech, der ägyptischen Auffassung des semitischen Baal, einen prachtvollen
Tempel errichtete und einen besonderen Cult stiftete.

Die nomadischen Fremden mußten bald in dem Heimaths-
lande ältester menschlicher Cultur, im Zusammenleben mit den
Resten der von jeher dort ansässigen ägyptischen Bevölkerung,
die Wohlthat der ägyptischen Sitten, Gewohnheiten und
Einrichtungen empfinden und es entstand in Folge dessen
ein eigener Culturzustand, bei welchem das ägyptische Element
den entscheidenden Sieg davontrug. Die Könige der Fremden in Tanis nahmen die Form der ägyptischen Hofhaltung
an, bauten im Styl der Aegypter, ja sie bedienten sich sogar
wie es monumental nachweisbar, der ägyptischen Schriftzeichen
zur inschriftlichen Ausschmückung ihrer Denkmäler.

Die Herrschaft der Semiten in Unterägypten erreichte
politisch ihr Ende, als tapfere Pharaonen an der Spitze der
achtzehnten thebanischen Dynastie sich ermannten und in mehreren kriegerischen Zügen, von denen die Denkmäler ausdrücklich
Erwähnung thun, das Joch der Fremden mit einem Male
abschüttelten. Tanis, der Hauptheerd der semitischen Fremd-
herrschaft, wurde zu Wasser und zu Lande angegriffen, von
den Aegyptern erobert und sehr bald wurden die Unter-
drückten zu Unterdrückern der fremdländischen Bevölkerung des

östlichen Deltalandes, deren Spuren sich bis auf den heutigen Tag deutlich erkennbar in denselben Theilen des unterägyptischen Küstenlandes erhalten haben.

Es beginnt von da an eine Glanzperiode der ägyptischen Geschichte, welche das neunzehnte, achtzehnte und das siebenzehnte Jahrhundert vor unserer Zeitrechnung erfüllt. Die ägyptischen Heere drangen in Palästina ein, zogen auf der großen Königstraße über Gaza und Megiddo bis zu den Ufern des Euphrat und Tigris, legten Babel und Ninive jährlichen Tribut auf und die Pharaonen errichteten ihre letzten Siegessäulen an der Grenze der Landschaft Armenien, da, wo der Himmel, wie die hieroglyphischen Texte vermelden, auf seinen vier Stützen ruht. Die zahllosen ägyptischen Inschriften, welche Tempel= und Gräberwände an den Ufern des Niles bedecken, können nicht genug von den Siegen über Asien erzählen, welche gleichsam als Strafgericht für das ehemalige semitische Fremdjoch angesehen wurden. Tausende von Gefangenen führten die Aegypter aus Vorderasien nach Memphis und Theben weg, um hier in diesen Hauptstädten des ägyptischen Reiches in schwerer Frohne jene riesigen Tempelbauten aufzurichten, welche noch heute, wie unzerstörbar, die Bewunderung und das gerechte Staunen der Reisenden auf sich ziehen. Abbildungen zeigen uns jene Gefangenen unter Anderem am Bau thebanischer Tempel beschäftigt: sie holen Wasser herbei, um den Lehm zu befeuchten, kneten denselben, bilden daraus in Holzformen die Ziegel, breiten sie zum Trocknen an der

Sonne aus, tragen sie in Bürden an den Bauplatz und führen endlich die Wände und Mauern des Tempels daraus auf; — Alles unter der Aufsicht ägyptischer Beamten, welche, mit Stöcken bewaffnet, in faullenzender Stellung die gefangenen Arbeiter bewachen. Jede einzelne Handlung wird durch besondere Inschriften erläutert, die Arbeiter selber bezeichnet als „die Gefangenen, welche der König zu den Tempelbauten herangezogen hat".

Aegyptens Macht wuchs zusehend, das Nilland bis südwärts hinauf gen Meroe füllte sich mit Prachtbauten, — da folgt auf das zuletzt herrschende Königshaus eine neue Dynastie, die neunzehnte, an deren Spitze als Gründer König Ramses I. steht, um die Mitte des fünfzehnten Jahrhunderts vor unserer Zeitrechnung. Unter der sechs und sechszigjährigen Regierung seines Enkels, des gleichnamigen zweiten Ramses, dessen Regierungsantritt gegen 1400 fällt, erscheint der erste monumentale Hinweis auf die Berichte der Heiligen Schrift.

Ramses II., welcher sich ebenso sehr durch Eroberungszüge im Auslande, vor allen gegen das damals mächtige und benachbarte Culturvolk der Hethiter in Canaan, mit welchem bereits Abraham in den freundschaftlichsten Verbindungen stand, so wie durch seine Maßregeln zum Schutze Aegyptens gegen Einfälle von Norden her auszeichnete, gründete, nach den urkundlichen Nachrichten der Denkmäler im östlichen Deltalande eine Kette von Bollwerken, von Pelusium an bis nach Heliopolis hin. Zu den befestigten

Plätzen gehörten vor allen zwei Burgen, von denen die eine
als die Stadt des Ramses, nach dem Namen des Königs,
die andere als Pachtum bezeichnet wird, beide in dem heutigen Wadi Tumilat gelegen, in der Nähe des Süßwasser-
kanals, welcher den Nil mit dem rothen Meere in Verbindung setzte. Dem Bibelkundigen werden bei den ägyptischen
Namen dieser Städte Ramses und Pachtum auf der
Stelle die Worte der heiligen Urkunde in das Gedächtniß
zurückgerufen werden (2. B. Mos. 1, 11) „Und sie bauten
dem Pharao die Städte Pithom und Raemses als Vor-
rathsstädte.“ Die hebräische Urkunde nannte den Erbauer
der in ihrer ägyptischen Schreibung genau übertragenen
Städte Pithom und Raemses, den König Ramses II., einfach
Pharao, ohne Zusatz eines Namens. Die häufige Anwendung dieses Wortes in der Heiligen Schrift auf verschiedene
Könige der ägyptischen Geschichte macht von vorn herein die
Annahme wahrscheinlich, daß wir es hier mit einem bloßen
Titel zu thun haben und das bestätigen in der That die
Denkmäler in der schlagendsten Weise. Eine ganz gewöhnliche Bezeichnung des Königs auf den ägyptischen Monu-
menten ist nämlich im oberägyptischen Dialekt Per-āa, im
unterägyptischen Pher-āo, wörtlich so viel als das „große
Haus“ oder das „hohe Haus“ bedeutend, ganz analog dem
bekannten Titel morgenländischer Fürsten „die hohe Pforte,
das hohe Haus“ u. s. w.

„Das hohe Haus“ oder der Pharao des Druckes,
unter welchem Moses geboren und erzogen ward, ist dem-

nach unzweifelhaft der 66 Jahre regierende zweite Ramses, welcher nach den Ergebnissen der neuesten chronologischen Untersuchungen, wie bemerkt, in der ersten Hälfte des 14. Jahrhunderts vor unserer Zeitrechnung über Aegypten herrschte und zur Vermehrung der Bedrückung der Kinder Israel jene beiden Städte angeblich zu Vorrathsstädten auf= bauen ließ. Altägyptische Papyrusrollen, welche gegenwärtig m Britischen Museum aufbewahrt werden und aus der Zeit des erwähnten Pharao stammen, geben eine ausführ= liche Beschreibung ihrer Vorzüge, die sich besonders auf die Ramsesstadt erstreckt.

In einer dieser Rollen (Anastasi 3, S. 1 flg.) giebt unter Anderem der ägyptische Schreiber Pinebsa seinem Vor= gesetzten Amenemaput schriftliche Nachrichten darüber, wie er die Stadt Ramses gefunden habe. Er bemerkte darin, sie sei „unvergleichlich", das Leben darin sei „süß", die Gefilde seien mit Menschen angefüllt, die Teiche und Kanäle mit Fischen, mit Geflügel die Felder, die duftigsten Blumen sproßten auf den Wiesen, die Früchte schmeckten wie Honig, die Scheuern strotzten von Getreide u. s. w. Dann werden die Vorbereitungen zum Empfang des Königs Ramses II. bei seinem Einzuge in die Stadt genau beschrieben [im zehn= ten Jahre seiner Regierung] und hinzugefügt, wie sich Mann an Mann gedrängt habe, um den König zu begrüßen, zu= gleich aber auch, um dem „Siegesgroßen" ihre Bitten und Beschwerden vorzutragen. Dieselbe blättrige und vergilbte Papyrusrolle, welche eine so merkwürdige Erinnerung an

die herrliche und gesegnete Ramsesstadt der Nachwelt über=
liefert hat, enthält zur Vermehrung ihrer Bedeutung auf
der Rückseite Baurechnungen, die sich auf, der Lage nach
nicht näher bezeichnete, Bauten in der Stadt beziehen. So
liest man daselbst folgende Worte von der Hand irgend
eines Schreibers, welche die briefliche Antwort desselben an
seinen nicht weiter genannten Vorgesetzten als Erwiderung
eines gegebenen Auftrages enthalten.

„Summa der Bauten: zwölf, [ausgeführt] von den
Leuten, welche, um Ziegel zu streichen, aus ihren Wohnplätzen
herangezogen wurden zu den Arbeiten an der Stadt. Sie
machten ihre Zahl an Ziegeln täglich, ohne sich auszuruhen
von ihren Ziegelarbeiten, bis dieselben vollendet waren. In
solcher Weise ist dem Auftrage Folge geleistet, welchen mein
Herr gegeben hat.“

Diese einfache Baunotiz schließt den werthvollsten Bei=
trag zur Erklärung des biblischen Berichtes über den Bau
von Pithom und Raemses in sich und verdient die höchste
Beachtung als gleichzeitiges Zeugniß, welches die Vorsehung
Jahrtausende hindurch in stiller Grabesnacht so wunderbar
erhalten hat.

Jene Leute, wie der ägyptische Schreiber sie ganz allge=
mein benennt, waren nicht etwa Aegypter — dagegen spricht
das gewichtige Zeugniß der monumentalen Darstellungen und
Inschriften — sondern Kriegsgefangene und wie vorausgesetzt
werden darf, die Nachkommenschaft jener semitischen Be=
völkerung im östlichen Deltalande, welche einst mehr als

vierhundert Jahre vor dem Städteerbauer Ramses, die
Aegypter beherrscht und gedrückt hatten. Daß sich die Juden
unter ihrer Zahl befanden, das lehrt nicht nur der biblische
Bericht, sondern wird auch durch altägyptische Urkunden auf
das Schlagendste erhärtet.

Von vorn herein dürfen wir erwarten, die Kinder
Israel auf den Denkmälern mit dem Namen bezeichnet
zu sehen, mit welchem nach den Angaben des Alten
Testamentes das Ausland das auserwählte Volk Gottes
zu bezeichnen pflegte, nämlich mit dem Namen der Ebräer.
Und in der That hat die neueste Forschung diese Bezeich=
nung auf den Denkmälern der Vorzeit in der ägyptischen
Färbung Apuru wieder erkannt, und einen Triumph ge=
feiert, dessen Bedeutung in der gewonnenen Thatsache hin=
länglich begründet erscheint. Es handelt sich nämlich wiederum
um Inschriften auf Stein und Papyrus, in welchen der
Name der Ebräer mit Frohnarbeiten zum Bau der Ram=
sesstadt in Verbindung gesetzt ist. Unter der Aufsicht
ägyptischer, als Polizei fungirender Miethstruppen libyscher
Herkunft, der sogenannten Mazai, wird eine Schaar von
Ebräern zum Brechen von Werksteinen in den Steinbrüchen
als verwendet genannt. In zwei altägyptischen Papyrus=
rollen, welche gegenwärtig das Museum zu Leiden in Holland
birgt, haben sich briefliche Mittheilungen ägyptischer Schrei=
ber am Hofe des zweiten Ramses an ihre Vorgesetzten er=
halten, deren wörtliche Uebersetzung ich hier bei dem Inter=
esse der Sache folgen lasse.

In dem erſten Schreiben meldet der Schreiber Kauitſir
ſeinem Vorgeſetzten, dem Schreiber Bakenptah, Folgendes:

„Möge mein Herr Befriedigung darin finden, daß ich
dem Auftrage, den mir mein Herr gegeben hat, Folge geleiſtet habe, des Inhaltes nämlich: Uebergieb die Nahrung
den Soldaten, ebenſo wie den Ebräern, welche die Steine
nach der großen Stadt des Königs Ramſes-Miamun, des
Wahrheitsliebenden, ziehen, [und welche] dem Hauptmann
der Polizei-Soldaten Ameneman untergeordnet ſind. Ich
verabreichte ihnen die Nahrung allmonatlich, gemäß der
vortrefflichen Weiſung, welche mir mein Herr gegeben hat.“

Wie aus dieſem Schreiben erſichtlich, war der Brief-
ſteller betraut worden mit der Verpflegung der Ebräer in
den Steinbrüchen, und zwar der Abtheilung, welche unter
dem Gensd’armerie-Hauptmann Ameneman ſtand. Sein
Schreiben ſcheint eine offizielle Meldung oder eine beſon-
dere Rechtfertigung auf eine Beſchwerde hin zu enthalten.
Ein zweiter Papyrus deſſelben Muſeums iſt beinahe ganz
gleichen Inhaltes und die briefliche Mittheilung von einem
Schreiber Keniamen an ſeinen Herrn, den Katena oder
Obriſt Hui gerichtet. Der weſentlichſte Theil des Briefes
lautet in einer wörtlichen Ueberſetzung:

„Ich habe Folge geleiſtet dem Auftrage, welchen mir
mein Herr gegeben hat, des Inhaltes: Gieb die Nahrung
den Soldaten ebenſo wie den Ebräern, welche den Stein
ziehen u. ſ. w.“

Um ein ſteinernes Denkmal anzuführen, auf welchem

des Namens der Ebräer Erwähnung geschehen ist, so darf
ich nur erinnern an den langen Text der Felseninschrift
im Felsenthale von Hamamât, welches die Richtung der alten
südägyptischen Handelsstraße von der Stadt Koptos am Nil
nach dem Hafenplatze Berenice am rothen Meere bezeichnet.
In dieser Inschrift wird von Steinarbeiten gesprochen, bei
welcher Gelegenheit eine Uebersicht der dazu verwendeten
Kräfte an Menschen (im Ganzen 9000 Köpfe) angeschlossen
worden ist.   In dieser Zahl wird eine Truppe von 800
Ebräern aufgeführt, welche wiederum unter der Eskorte der
fremden Mazai-Gensd'armerie verzeichnet stehen.

Ist es vergönnt, aus den bisherigen monumentalen
Angaben ein historisches Ergebniß zu ziehen, so dürfte sich
dasselbe folgendermaßen zusammenfassen lassen:

1) Als den Erbauer der Städte Pithom und Ramses
nennen die ägyptischen Urkunden den König Ramses, den
zweiten Pharao dieses Namens.

2) Unter demselben König gedenken dieselben Urkunden
der Ebräer in einer Weise, welche ihre Stellung bei dem
Bau von Ramses als Frohnarbeiter unter Polizeiaufsicht in
der unzweideutigsten Weise bekundet.

Bekannt mit diesen Thatsachen, wenden wir uns der
Heiligen Schrift zu, in welcher der Erbauer von Pithom
und Ramses, zugleich als tyrannischer Unterdrücker der Kinder Israel und als ein neuer König in Aegypten erscheint,
der nichts von Joseph wußte.   Dieser Hinweis ist bedeutsam,
denn er zeigt mit voller Sicherheit auf das Verhältniß der

Ahnen der Kinder Israel zu dem ägyptischen Königs-
hause hin.

Joseph war niemals an den Hof eines ägyptischen Pharao
gekommen, sondern hatte im Deltalande seine Stelle gefunden bei jenen semitischen Machthabern, welche mit ägyptischer
Lehn Cultur in dem Unterlande zu Avaris-Tanis residirten
und von hier aus ihre Macht bis nach Memphis und
Heliopolis ausgedehnt hatten. Nach dem Befreiungskampf,
von den ersten Königen der achtzehnten Dynastie gegen die
semitischen Thronräuber geführt, hatten die Pharaonen
ägyptischen Ursprunges sicher keine Sympathie für die im
Lande gebliebene Freundschaft jener Usurpatoren, sondern
übten über 300 Jahre lang einen Druck aus, der unter
Ramses II., noch mehr aber unter dessen Nachfolger sein
höchstes Maß erreichte.

Die Geburt des jüdischen Gesetzgebers Moses fällt
unter dem zweiten Ramses. Unter seinem Nachfolger,
welchen die Denkmäler Menephthes nennen, fand der Aus-
zug statt und damals war Moses achtzig Jahre alt.

Wenn der Pharao Menephthes zwanzig Jahre regiert
hat, welche ihn die Königslisten, nach der sechsundsechszig-
jährigen Regierungszeit seines Vorgängers, über Aegypten
herrschen lassen, so fällt nach dem höchst einfachen Rechen-
exempel die Geburt Moses in das sechste Jahr der Regierung Ramses II. Die biblischen Angaben treffen um so
sichtbarer mit den ägyptischen Zahlen zusammen, als der
Bau der Städte Pithom und Ramses in der That in die

allerersten Jahre der Regierung Ramses II. fällt, der bereits
im zehnten Jahre derselben, wie ich angeführt habe, seinen
Einzug in Ramses hält. So erhärtet auch das Zahlen-
verhältniß der Regierungen der Pharaonen des Druckes und
des Auszuges, gegenüber der mosaischen Tradition, den bereits gelieferten monumentalen Beweis, daß Ramses II. der
Adoptivvater Moses war.

Die Bauten Ramses II. in Pithom und Ramses, die
riesigen Anlagen in Avaris-Tanis, in Bubastus und in vielen anderen Orten an der östlichen Seite des Deltalandes,
in deren Ruinenstätten noch heute die Namen des großen
Königs gefunden werden, diese Bauten hatten triftige Be-
weggründe politischer Natur.

Wie die äußerste nach Osten gerichtete Linie eine Kette
von Festungen bildete, gleichsam ein ägyptisches Dannewerk
gegen die Einfälle von Kanaan her, besonders gegen die damals mächtigen Hethiter, so mußten die starken Anlagen
mehr im Innern des Landes Bollwerke abgeben gegen die
unruhige, politisch erregte, vom Semitismus durchdrungene
Masse der eigenen Unterthanen. Es ist ein sehr merkwürdiger Vertrag dieser Zeit erhalten, welchen im einundzwan-
zigsten Jahre seiner Herrschaft Ramses II. mit dem Könige
der Hethiter Chetasar abschloß und welcher nach beiden
Seiten hin ein sehr belehrendes Licht auf die damaligen
Zustände wirft. Dieser Vertrag, einer steinernen Wand in
Theben eingeprägt, setzt ein Schutz- und Trutzbündniß beider
Könige und Völker, der Aegypter und der Hethiter, fest und

enthält unter anderen folgende wichtige Stelle: „Wenn die Unterthanen des Königs Ramses zum König der Hethiter kommen, so soll der König der Hethiter sie nicht aufnehmen, sondern dieselben zwingen zum Ramses, dem Könige Aegyptens, zurückzukehren.‟

Wenn Ramses II., der Pharao des Druckes, eine so gewaltige Macht besessen hätte, als es die unzähligen Inschriften seiner Denkmäler pomphaft verkünden, wenn er im eigenen Lande jeder politischen Bewegung Herr und Meister gewesen wäre: so würden sicher jene Worte des Vertrages überflüssig gewesen sein, welche auf die Ueberläufer ein so großes Gewicht legen, und offen bekennen, daß es in Aegypten unter Ramses II. zum Ausreißen gewesen sein muß. Aber dieselben Worte und ihr versteckter Inhalt erleuchten mit hellem Lichte das biblische Bekenntniß Pharao's: „Wohlan, wir wollen sie mit List dämpfen, daß ihrer nicht so viel werden. Denn wo sich ein Krieg erhöbe, möchten sie sich auch zu unseren Feinden schlagen und wider uns streiten und zum Lande ausziehen.‟

Wie nicht nur durch Zwangsmaßregeln der angedeuteten Art, sondern auch durch politische Kunstgriffe Ramses II., noch mehr aber sein Sohn Menephthes, der Pharao des Auszuges, es sich angelegen sein ließen, die gährende Masse der bedrückten semitischen Bevölkerung Unterägyptens durch alle Mittel zu dämpfen, davon liefert den triftigsten Beweis die plötzliche Baalsverehrung beider Könige, nur erklärlich von dem religiösen Standpunkte des Alterthums aus, wonach,

mit einem schönen Zuge von Humanität, die Götter in den
verschiedenen Ländern nur dem Namen nach als unter=
schieden, thatsächlich aber als dieselben angesehen wurden.
Die Denkmäler lehren uns, wie Ramses dem Gotte der
Fremden, dem Baal=Sutech opferte und in der alten semiti=
schen Hauptstadt Tanis (Zoan der Heiligen Schrift) Tem=
pelwerke errichtete, deren kolossale Spuren aufzufinden der
Neuzeit aufbehalten war. Hier in Tanis war von den Be=
schützern Joseph's her der Baal=Kult, besonders nach der
vom König Apophis gestifteten Form, geblieben und Ramses
huldigte ihm, gleichsam um die erzürnte Masse der unter=
ägyptisch=semitischen Bevölkerung zu versöhnen und den Gott
der Fremden für die Geschicke Aegyptens günstig zu stimmen.
Das kolossale Sitzbild Ramses II. in dem Säulenhofe des
Königlichen Museums zu Berlin, linker Hand, ist König
Ramses II. eigenes Bild, von ihm dem Baaltempel zu
Tanis geweiht und vor dessen Eingängen aufgestellt. Dieser
gewaltige Koloß ist ein Zeitgenosse Moses, der sicher einst
seinen Blick auf dieses Denkmal gerichtet hat, denn die
Schrift gedenkt ausdrücklich der Stadt Zoan=Tanis als des
Ortes, an welchem Moses seine Wunder vor Pharao auf
Geheiß des Allerhöchsten verrichtete.

„Vor ihren Vätern that er Wunder in Aegyptenland,
im Felde Zoan" heißt es Psalm 78, 12 und ebendaselbst
Vers 43 „Wie er denn seine Zeichen in Aegyptenland gethan
hatte und seine Wunder im Lande Zoan."

Mehr noch als der Vater ließ es sich der Sohn des

Pharao des Auszuges, Menephthes, angelegen sein, dem
Baal von Tanis seine Huldigungen in der sprechendsten
Weise auszudrücken. Zu bedrängt und zu schwach, um der
gährenden Masse Widerstand zu leisten, zu ohnmächtig, um
mit Hülfe der Fremden in der Weise der Vorfahren eigene
Denkmäler zu errichten, begnügte sich Menephthes damit,
seine Königsschilder mit dem Zusatz: „der Verehrer des
Sutech-Baal von Tanis" auf die Steine seiner Vorgänger im schlechtesten Hieroglyphenstyl einzusetzen, um in
dieser Weise die Erinnerung seines Namens zu erhalten. Die
beiden größten Kolosse unseres Museums zeigen am Rande des
Piedestals die Zeichen des vielbedrängten Königs, ja um das
Maaß der Schwäche voll zu machen, hat der König, wie zur
Besänftigung des semitischen Aufruhrs, auf die Rückwand
des einen Kolosses den Gott Baal abbilden und die Gestalt
seines Sohnes als Baalspriester hinzufügen lassen. Gott
aber ließ es anders geschehen und erwählte sich Moses zu
seinem Werkzeuge, um die wohlangelegten Pläne und Absichten der ägyptischen Bedrücker zu vereiteln.

Ueber den ägyptischen Ursprung des Namens Moses
herrscht gegenwärtig wohl nur eine Meinung. Wir kennen
von den Denkmälern her mehrere Personen, welche den
Namen Mas oder Massu führten, ein Wort, so viel als
„das Kind" bedeutend, unter diesen sogar einen Zeitgenossen
des großen Gesetzgebers, welcher den vornehmen Rang eines
Statthalters von Aethiopien unter dem Pharao des Auszuges bekleidete. Sicher liegt eine alte, aber durchsichtige

Verwirrung und Verwechselung mit diesem Statthalter Moses
vor, wenn Josephus, der jüdische Historiograph, erzählt, der
Gesetzgeber Moses habe als Jüngling ein ägyptisches Heer
gegen Aethiopien geführt, sei bis Meroe vorgedrungen und
habe die äthiopische Prinzessin Tharbis geheirathet, nachdem
sie aus Liebe zu ihm die Thore von Meroe geöffnet hatte.
Von einer ägyptischen Prinzessin gefunden, am Hofe Ramses II. in aller Weisheit der Aegypter auferzogen, darf es
nicht Wunder nehmen, wenn der Name des Findlings ein
ägyptischer war. Aber mehr noch als der bloße Name bezeugt die ganze Gesetzgebung, die Lehre von den Opfern,
von der Reinigung u. s. w., den Zusammenhang mit altägyptischen Anschauungen und es fällt bereits heut zu Tage
nicht schwer, die überzeugendsten Beweise von den Denkmälern für diese Behauptung zu liefern. Ich muß mich
begnügen, hier nur angedeutet zu haben, was in der Behandlung des Einzelnen so lebendig vor Augen tritt. Doch möge
es mir gestattet sein, eine Thatsache nicht mit Stillschweigen
zu übergehen, welche zu diesen Beweisen eben nicht den
schwächsten Beitrag liefert. Die religiösen Denkmäler der
alten Aegypter, mögen dieselben in steinernen Urkunden bestehen oder in gebrechlichen Papyrusblättern, geben das
große und gewichtige Zeugniß, daß den Trägern der priester-
lichen Weisheit die erhabene Lehre von der Einheit Gottes
wohl bekannt war, und daß die mannigfachen Gestaltungen
einer reich gegliederten Götterwelt nur Verhüllungen und
Entstellungen jener ursprünglich reinen und später in den

Mysterien enthaltenen Lehre darstellen. Diese Lehre vom einigen Gotte wurde nur den Eingeweihten enthüllt und in schriftlicher, wiewohl dunkler Auffassung den Todten in Gestalt eines Buches in Rollenform als letztes Geleit mit in das Grab gelegt. Der Name des einen Gottes wird in diesen Rollen nicht genannt, sondern nur um= schrieben mit den tiefen Worten nuk pu nuk „Ich bin der Ich bin". Wer erinnert sich hierbei nicht sofort an die gleichen Worte im 2. Mos. 3, 14, mit welchen Gott sich Moses und den Kindern Israel nennt, Worte, welche in ihrer hebräischen Form Jahveh, und nach mißverstandener Aussprache: Jehovah, dasselbe bedeuten als jene ägyptische Bezeichnung nuk pu nuk „Ich bin der Ich bin"?

Ich könnte vieles zur weiteren Ausführung meines Thema's hinzufügen, um den Zusammenhang zwischen den Mosaischen Urkunden und den noch erhaltenen Ueber= lieferungen der Denkmäler durch weitere Beweise zu belegen. Ich könnte mich selbst bis zu dem Wunder des Wasser ge= benden Felsens im Horeb versteigen und den Nachweis führen, wie bereits die Denkmäler des alten Aegyptens ein= zelnen ihrer Könige, darunter auch dem Pharao des Druckes, Ramses II., die Wunderkraft zuschreiben, auf ihren Befehl dem Felsen Wasser zu entlocken, — ich könnte weiter gehend, die monumentalen liefern Beweise, daß sich ein gut Theil von Namen in der Verwandtschaft des Moses und unter den Leviten, in ägyptischer Schreibung auf gleichzeitigen altägyptischen Denkmälern vorfinden, wenn ich nicht fürchten müßte, das Bereich historischer Vermuthungen zu berühren. So muß ich mich damit begnügen, alten Denkmäler = Staub aufgerüttelt und vergilbte Papyrusblätter vor Ihren Augen entrollt zu haben, um, gestützt auf sichere Entdeckungen, die historischen Beweise zu gewähren, daß Moses und die Ebräer nicht ohne reiche Erinnerung auf den Resten des altägyptischen Alterthums geblieben sind, und daß ihr Andenken Spuren hinterlassen hat, die wie durch göttliche Fügung dem Zahn der Zeit Jahrtausende hindurch Trotz geboten haben, um in unseren Tagen Zeugniß abzulegen von der Wahrhaftigkeit und Echtheit der heiligsten Urkunden des Christenthums.

Was sich die Steine erzählen.

———

So lautet das Thema, welches mir gestattet wird, als Gegenstand eines Vortrages an dieser Stelle zu behandeln. Nachdem geistreiche Redner aus dem vollen Born eigener Erfahrungen und gesammelter Kenntnisse in vielseitiger Behandlung ihres Stoffes hier gesprochen haben, da sollte mir der Muth billig sinken, mit Steinen auf die Bühne zu treten. Und wenn ich dennoch so kühn bin, die Selbstwahl meiner Aufgabe nicht zu bereuen, so will ich eigener Schwäche nachgebend nicht verschweigen, daß mich seltsame Liebe zu den erzählenden — und wie beredt erzählenden! — Steinen verführt hat, als ein Lobredner der unorganischen seelenlosen Welt aufzutreten, die selbst im Volksmunde als hart und unerreichbar, als drückend, schwer und hindernd nur für betrübende Zustände zum Bild und

Gleichniß dient. Ein steinhartes Herz im Busen tragen, einen schweren Stein auf dem Herzen haben, der Stein des Anstoßes, vor Schreck versteinert dastehen, zum Steinerbarmen sein — das und noch Anderes sind bildliche Redensarten, deren Inhalt nichts weniger als erfreulich für den Betreffenden ist. Selbst in dem Volksglauben und im lieben Kindermärchen ist des Steines Geltung vom Teufelsstein auf Blocksberg windiger Höhe bis zum grauenerregenden, beim Mondschein grinsenden Galgen- oder Rabenstein hin dämonischer Natur. Ganze Schlösser und Burgen, Wälder und Gärten, Seen und Bäche und alles Lebende darauf und darin werden durch bösen Zaubers Macht urplötzlich in hartes klingendes Gestein verwandelt und harren lange der Erlösung, bis irgend welcher gütigen Fee Dazwischenkunft durchs rechte Wort den Steinbann löst und altes Leben aus dem starren Stein in jungen Tages Licht neu eintritt. Verwandelung in Stein ist Fluch und Strafe, just wie Lot's zum Salzbild ward, als wider göttliche Mahnung sie der Neugierde zum Opfer fiel und Sodom und Gomorrha in der Feuerlohe einen Scheideblick zuwarf.

Die Altvorderen, welche viel poetischere Anschauungen von der leblosen Welt hatten als wir moderne, mit wissenschaftlicher Kritik alles Geschaffene in seine Urbestandtheile zerlegende und zersetzende Epigonen, standen auch der todten Steinwelt viel näher als wir und verehrten sogar einzelne Steine mit beinahe göttlichem Culte. Wurden nicht die eiförmig oder halbrund gestalteten Orakelsteine in Delphi

4*

und in dem Oasentempel des Jupiter Ammon und anderwärts
für hoch und heilig gehalten? und hat nicht selbst in unseren
Zeiten der viel geküßte, von der Menschheit Sünde schwarz-
gewordene Stein der Kaaba zu Mekka uralten Ruf und
Namen treu bewahrt?

Bei den Griechen ging eine Sage, daß nach der großen
Fluth die Menschen aus Steinen entstanden seien, welche
Deukalion und Pyrrha hinter sich warfen, während, nebenbei
bemerkt, eine altdeutsche Sage die Deutschen aus den Bäumen hervorgewachsen und ein altindischer Mythus die Menschen vom großen Geist aus den Wassern gezogen sein läßt.
Beim Homer nehmen in der berathenden Versammlung die
Aeltesten des Volkes ihren Platz auf einfachen Steinsitzen
„im heiligen Kreise“ ein, und zu Athen, auf dem Markte und
auf anderen öffentlichen Plätzen sprachen die Redner, Herolde
und Kläger vom Stein herab und jeder Thesmothet
leistete auf dem Markte „bei dem Steine“ den feierlichen
Eidschwur. Ja, wenn es gestattet ist, etymologischen Untersuchungen Glauben zu schenken, so heißt das griechische Wort
für König, Basileus, geradezu der Steinbesteigende. Das
gemahnt andererseits an altgermanische und keltische Sitte,
wonach der König sich bei seiner Erhebung dem versammel-
ten Volke auf hohem Stein zu zeigen pflegte und an den
althistorischen Königsstein, der im englischen Thronsessel verborgen sein soll.

Ich könnte die Beispiele um ein Beträchtliches vermehren, begnüge mich aber bei der streng zugemessenen Zeit

und im Hinblick auf die Weite meines eigentlichen Gegenstandes mit diesen Zeugnissen von der vornehmen Bedeutung des Steines in den älteren Zeiten der Menschengeschichte, gegenüber der modernen, halb verächtlichen Anschauung von dem Werthe des Steines, dem höchstens nur als Baumaterial einige Aufmerksamkeit gezollt wird.

Aber ich will nicht ganz undankbar gegen die moderne Versündigung sein, da der Volksmund und die Sprache wenigstens in der Rede den Stein noch einigermaßen in Ehren hält. In unbewußter Selbstschätzung hat das Wort Stein eine gesonderte und selbstständige Stellung behauptet, welche seine Anwendung vor wissenschaftlichem Begriffszwang bewahrt und ihm eine gewisse poetische Freiheit erhalten hat. Von dem Stein als wissenschaftlichen Ausdruck wagt die gelehrte Mineralogie nicht zu sprechen.

Es ist eine halb sprichwörtlich gewordene Redensart, die wohl jeder, wenn auch nicht selber ausgesprochen, so doch gewiß einmal hat äußern hören: „Ja, wenn die Steine reden könnten oder reden dürften, die würden uns Manches erzählen". Meiner Wenigkeit, welche das große Glück gehabt hat, mit Tausenden und aber Tausenden von Steinen, nicht etwa bloß als Pflastertreter, Verkehr und Umgang zu pflegen, hat die Redensart niemals recht gefallen wollen, da ihr die volle Wahrheit fehlt. Das hat auch die Volkssprache selber herausgefühlt, die wohl von Stummsein wie ein Fisch, aber viel seltener vom Stummsein wie ein Stein zu sprechen pflegt. Sicher reden die Steine und erzählen so Manches, von dem sich der gewöhnliche Menschenverstand nichts träumen läßt, freilich erzählen sie nicht mit hörbaren Lauten sondern mit Zeichen, zu deren Lösung es heut zu Tage nur des Zauberstabes der geistigen Forschung bedarf.

Die Erzählungen der Steine sind eigener Art. Wenn einmal ein Schriftsteller des Alterthums von der mündlichen Tradition historischer Thatsachen das eigenthümliche Bild gebraucht hat, die Tradition sei ein Windhauch der Erinnerung, der von der Vergangenheit nach der Gegenwart herüberweht, so möchte ich mit einem kühnen Gleichniß die geschriebene Geschichte als oft copirte briefliche Mittheilung auffassen, welche die Altvorderen den späteren Geschlechtern zugesendet haben und mit einem noch kühneren Bilde die in Stein gemeißelte Kunde der Vorzeit als telegraphische Depeschen, welche, mehr und weniger schwierig zu dechiffriren, die längst schon hingestorbenen Menschen mit den lebenden Geschlechtern in unmittelbaren Rapport setzen. Dem drastischen Gleichniß kommt selbst die telegraphische Kürze der Meldung zu Hülfe, da im guten Lapidarstyl, wie er z. B. in den meisten römischen Inschriften epigraphische Vollendung erreicht hat, eine Meldung, die mit wenigen, aber ausgewählten Worten einen sinnigen Gedanken ausdrückt, vor langweiligen magistratisch = decretalischen Annoncirungen den unbedingten Vorzug künstlerischen Werthes hat.

Es ist ein wunderbarer Zug im Menschenthum, das rohe, culturlose ebenso wenig ausgenommen als das civilisirte, daß der Einzelne großes Behagen und förmlichen Drang em

pfindet, auf Stein und selbst auf anderen harten dem Zahn
der Zeit lange Widerstand leistenden Material, sich zu ver=
ewigen, wie man es nennt, d. h. mit einem Messer oder
einem anderen spitzen Instrumente seinen Vor= und Zunamen,
das Datum und vielleicht ein Paar kurze Worte oder sym=
bolische Zeichen hinzuzufügen. Selbst die liebe Jugend kann
es nicht lassen, auf Thür und Wand, auf Tisch und Bänke
ihren Namen einzuschneiden, trotz aller Erinnerung von
Seiten der Lehrer und Eltern: „unnütze Hände beschreiben
Tisch und Wände", gar nicht der zärtlich schmachtenden
Liebespaare zu gedenken, welche die Rinde alter und starker
Bäume in besondere Affection genommen haben. Tagtäglich
haben wir Beispiele in Hülle und Fülle vor Augen und
man braucht nicht erst nach Italien, Griechenland, Aegypten,
Spanien und wie sonst die mit alten Monumenten bedeckten
Länder heißen mögen, zu reisen, um sich von der Wahrheit
und der Allgemeinheit dieses Axioms zu überzeugen. Der
Mensch in allen Zeiten, unter allen Zonen hat einmal den
Drang, seiner eigenen Vergänglichkeit zum Trotze, sich zu
verewigen und sollte es nach Kieselack'schem Vorgange selbst
oft mit Lebensgefahr verbunden sein, oder gar polizeilichen
Vorschriften zuwiderlaufen. Wenn die Inschrift auch nicht
immer kalligraphische oder stylistische Meisterhand bekundet,
so ist sie dennoch bisweilen im höchsten Grade ergötzlich oder
epigraphisch=charakteristisch.

Die kurzen Worte Route de Paris, welche ein Grenadier
eines Bataillons der französischen Occupationsarmee, das die

Insel Philae an der ägyptisch-nubischen Grenze im Anfang
dieses Jahrhunderts besetzt hielt, in einer müßigen Stunde
auf eine Tempelwand des hochberühmten Isisheiligthums
mit saurer Miene einmeißelte, zeigt den selbstbewußten Anhänger der unwiderstehlichen Grande nation ebenso deutlich
und klar als die zahllosen Reminiscenzen, welche ein fran-
zösischer Abenteurer, der vor wenigen Jahren beinahe ganz
Asien mit blankem Säbel und Federhut nach allen Richtungen
durchpilgert hat, in harten Stein zu kratzen pflegte. „Ich,
Mr. Legran, der Stolz des Menschengeschlechts, bin auch
hier gewesen."

Aber gerade, weil dieser Drang der Selbstverewigung
dem Menschenthum so angeboren ist, darum ist er Bedürfniß nach einer anderen Seite hin geworden, Bedürfniß da,
wo seine Spuren fehlen.

Wie der verirrte angsterfüllte Pilger in der Wüste aus
den Fußspuren wandernder Menschen oder Karawanenthiere
neuen Trost und neue Hoffnung schöpft: so wirkt in öden,
menschenleeren Wildnissen der Anblick alter und junger Inschrift an der einsamen Felswand wohlthuend und beruhigend
auf das Gemüth. Der sociale Mensch sucht allenthalben
den Menschen wieder, und erkennt selbst in den Spuren der
Vorzeit dankbar die Nähe des Menschen an.

Nicht landschaftlicher Reiz, nicht anmuthiger Wechsel der
Vegetation, nicht die formenreichste Felsenbildung einsam
gelegener Landstriche fremder Regionen üben einen so mächtigen Eindruck auf den einsamen Wanderer aus als der

unvermuthete Anblick redender Steine. Wie gebannt bleibt
der sinnende Pilger vor ihnen stehen, um zu fühlen, was
Faust in klaren Worten sagt: Wie anders wirkt dies Zei=
chen auf mich ein!

Als ich wochenlang auf der öden felsigen Hochfläche des
südpersischen Landes an der Spitze einer Karawane gewan=
dert war, und mich an einsamer Stelle bei Murgâb, von
keines Menschen Nähe gestört, nur den kreischenden Adler
und Geier über meinem Haupte, inmitten eines wüst und
wild gelagerten Steinhaufens befand, der Spuren von der
Hand des Menschen an sich trug, da stand ich mit einem
Male vor einem Marmorblocke, der im Relief das Bild
eines geflügelten altpersischen Königs darstellte. Aehnliche
Bildwerke hatte ich öfters gesehen und kein besonderes Ge=
fühl überwog meine Neugierde. Als ich aber darüber die
wenigen einfachen Worte geschrieben las: „Ich bin Cyrus,
der König, der Achämenide," durchzuckte es mich mit
warmen Glühen, denn der leblose Marmorblock fing an zu
leben und lebendige Geschichte zu werden, und die Paar
Worte erfüllten mich begeisterungsvoll vor diesem Markstein
persischer Geschichte. Ich stand vor einem Denkmal des
großen Cyrus und auf der welthistorischen Ebene von Pa=
sargadä. Lange konnte ich mich nicht von dem ehrwürdigen
Steine trennen und von ihm scheidend beneidete ich beinahe
die braunen Nomaden, welche an ihm vorüberziehen Jahr
aus Jahr ein, freilich nur in der Meinung, daß jenes Bild

der leibhaftige Teufel sei, in dessen Angesicht man, des bösen
Blickes halber, bei Leibe nicht schauen dürfe.

Und wenn ich jetzt im Geiste eine Umschau halte, um
selbst mit strengster Auswahl wieder zu erzählen, was sich
allein die alten Steine von Menschengeistes Dichten und
Trachten in grauer Vorzeit erzählen, so erdrückt mich augenscheinlich die überwältigende zahllose Masse der redenden
Zeugen der Vergangenheit in allen Theilen der Welt, eine
Masse, der weder ein Menschenleben noch eines Menschen
Wissen kühn die Stirne zu bieten vermag. Mit der zugemessenen Zeit Haus haltend, folge ich darum gern dem
eigenen Herzenstriebe zur ägyptischen Steinwelt hin, die
neben dem Vorzuge des höchsten Alters seit Menschengedenken,
den geheimnißvollen Reiz des weniger Bekannten und Dunklen in sich schließt. Erzählen will ich, was in Grabesnacht
verborgen nach langem tausendjährigen Schweigen vom alten
guten Menschengeist und Menschenwerth des harten Steines Mund erzählt.

Warum gerade den Grabsteinen als Sprechern der Vorzug geschenkt worden ist, hat seinen triftigen Grund in altägyptischer Anschauung, daß nämlich dies Scheinleben nur
eine Vorbereitung für das wahre Leben im Jenseit, gleichsam
ein Antichambre für die Ewigkeit sei. Darum baute man
die eigenen Wohnungen aus leicht zerstörbarem Nilschlamm
und gebranntem Stein, die ewige Wohnung dagegen aus
hartem dauerhaften Kalk- oder Granitstein, wenn man es

nicht vorzog, die langen Vorräume, Gänge und Kammern
in den Fels schachtartig einzubohren.

Und gleich beim Eintritt in das dunkle Grab, das Wissens-
eifer und moderne Neugier den Strahlen des neuen Tages-
lichtes geöffnet hat, rufen uns die Felsenwände und die
Steinsäulen wie mit **einem** Munde mahnungsvoll entgegen:
„Oh, die ihr lebet auf Erden, die ihr noch liebet das Leben
und den Tod hasset, wenn ihr eintretet in dieses Grab und
schauet diesen Stein, so lobt und preist die Gottheit eures
Landes, überlaßt einst gern den Kindern und Kindeskindern
Amt und Würde und legt euch hochbetagt zur Ruhe
nieder, wie dieser Verstorbene, für dessen Angedenken ihr ein
Gebet sprechen möget.“ So oft ich in ein altägyptisches
Grab eingetreten bin und so oft ich bei den Grabsteinen in
der offenen Säulenhalle des hiesigen ägyptischen Museum
vorüberging, konnte und kann ich niemals meinen Blick ohne
Rührung von dieser ernsten Mahnung abwenden, die sich so
unmittelbar an die überlebenden Geschlechter richtet.

In den meisten Fällen rufen die Steine diese ernsten
Worte nicht den lebenden Menschen im Allgemeinen zu,
sondern der gebildeten, unterrichteten Klasse der ägyptischen
Bevölkerung, je nach ihren verschiedenen Rangstufen von:
Oberpriester der ersten Landesgottheit an bis zum letzten
Schreiber oder, wie wir mit modernem Ausdruck sagen wür-
den, bis zum bescheidensten Literaten hin.

Die gebildete Welt Aegyptens war eigenthümlich stolz
auf das Lob, würdige Verehrer des Thoth, des ägyptischen

Hermes zu sein, und die Weisen des Landes konnten es
nicht unterlassen, auf die Qual, die Mühe und Sorgen und
den Undank aller übrigen Lebensstellungen mit beredten
Worten hinzuweisen. Höchst anziehende Mittheilungen liegen
darüber in den Gräbern vor. So stellen lange Inschriften
der Ruhe wissenschaftlicher Beschäftigung mit starker Zeich=
nung die Mühe und Qual des Krieges und des Acker=
baues in folgender Weise gegenüber. „Was soll denn eine
Rede bedeuten, daß ein Lieutenant besser sei als ein Literat.
Schaut doch einmal den Zustand des Lieutenants an, wie
zahllos sind seine Qualen. Ist er jung, wird er in der
Militärschule eingesperrt gehalten, man straft ihn, daß sein
Kopf blutet und man streckt ihn aus, um ihn zu schlagen.
Hernach schickt man ihn nach Syrien in den Krieg. Auf
steilen Höhen muß er wandern, sein Brot und sein Trunk
hängt an seinem Arme, gleichwie die Last eines Transport=
thieres. Ist sein Nacken gebeugt, wie der eines Esels, und
sind seine Rückenwirbel vor Ermattung gekrümmt, so kann
er nur verdorbenes Wasser trinken. Jetzt kommt er auf die
Zeltwacht. Da erscheinen die Feinde und fangen ihn wie
in einer Vogelfalle. Kehrt er glücklich nach Aegypten zurück,
da ist er wie wurmstichiges Holz. Ist er dazu noch krank,
so legt man ihn in eine Bahre und er wird auf Eselsrücken
getragen. Sein Gepäck wird von Dieben gestohlen und sein
Diener macht sich aus dem Staube.“

Dem ägyptischen Literaten, welcher in der Mitte des
vierzehnten Jahrhunderts vor unserer Zeitrechnung dieses

Lebensbild von der Lage eines altägyptischen Campagne-
soldaten geliefert, kam es nicht in den Sinn, die Kriegerkaste
in seiner naiven Schilderung herabzusetzen, vielmehr wollte
er, neben dem Genuß der wissenschaftlichen Beschäftigung,
die behagliche Ruhe der Studirenden gegenüber der Plage
und den Stürmen des unruhvollen Lebens des Kriegers
recht augenscheinlich hervorheben. Wie ihm dies in Bezug
auf den Ackerbauer gelungen ist, das mag der folgende Text
selber erzählen: „Warum willst du die Wissenschaften im
Stich lassen, und dich mit den Arbeiten des Feldes ab-
mühen? Hast du denn niemals die Lage eines Landmannes
in Betracht gezogen? Bevor es ihm vergönnt ist, zu ernten,
da kommt der Wurm und verzehrt einen Theil des Getrei-
des, einen anderen fressen die Thiere ab, denn zahlreiche
Ratten zeigen sich auf dem Felde, die Heuschrecke fällt darauf nieder, das Rindvieh frißt hier und da ab und die
Sperlinge stehlen, so viel sie können. Wacht der Landmann
nicht über das, was ihm übrig bleibt auf dem bebauten
Felde, so stehlen es ihm die Spitzbuben. Das Eisen am
Pflug stumpft sich ab und das Ackerpferd verendet vor Anstrengung beim Ziehen der Pflugschar. Der Schreiber der
Regierung steigt an der Landungsstelle des Dorfes aus, er
treibt die Abgabe ein. Die ihn begleitenden Beamten dro-
hen mit Knitteln und die schwarzen Sclaven mit Palm-
stöcken. Sie schreien ihm entgegen: gieb Korn her als
Geschenk für uns! und thut er es nicht, so strecken sie ihn
auf den Boden aus und schlagen ihn. Er wird gefesselt,

ins Wasser getaucht und mit Gewalt gestoßen. Seine Frau
wird vor seinen Augen gebunden und seinen Kindern wer=
den die Kleider genommen. Seine Knechte entfliehen und
lassen das Getreide im Stich. Des Literaten Arbeit steht
höher als jede andere Beschäftigung. Er braucht sich nicht
abzumühen und keine Steuer zu zahlen. Das bedenke
wohl!"

In der Art dieser naiven Erzählung, welche unter anderen
den Beweis liefert, daß es mit der Lage der sogenannten
Fellachin vor drei Tausend Jahren unter den eingeborenen
Pharaonen um kein Haar besser gestellt war, als heutigen
Tages unter türkisch=ägyptischem Regimente, und daß über=
haupt Alles in der Welt schon einmal dagewesen ist, schildern
die Inschriften die Mühe und Arbeit aller ferneren Lebens=
stellungen bis zum Bartscheerer hinauf, von dem sie wört=
lich erzählen:

„Der Bartscheerer muß scheeren bis in die späte Nacht
hinein. Er beugt ohne Aufhören seinen Nacken und seine
Arme. Er läuft von Schenke zu Schenke, um nach Kun=
den zu spähen. Er ist ein ganz geschlagener Mann, denn
mit seiner Hände Verdienst füllt er allein den hungrigen
Bauch, gleichwie der Honig die Speise derer ist, die ihn be=
reiten."

Dieser lobenswerthe Hang nach Bildung, dieser Drang
nach wissenschaftlicher Forschung ist ein Grundzug der alten
Aegypter, der ihnen ebenso viel Ehre macht als wie die
natürliche Folge aller geistig cultivirten Lebensart: ich

meine die Sitten veredelnde Humanität. Tausend und aber tausend Stimmen rufen von den Steinen her der Nachwelt die Kunde davon zu.

Von einem in den Gräbern zu El=Kab, in Oberägypten, bestatteten Aegypter erzählt die Steinwand dem Eintretenden gleich im Eingange: „Er liebte seinen Vater, er ehrte seine Mutter, er liebte seinen Bruder und ging nie zornigen Herzens aus seinem Hause. — Den vornehmen Mann zog er dem geringen niemals vor."

Von einem andern, gleichfalls in El=Kaab und vor mehr als viertausend Jahren bestatteten Aegypter, einem Propheten, berichtet der Fels, indem er den Verstorbenen sprechend einführt: „Ich war ein kluger und weiser Mann auf Erden und meine Seele hatte Gott lieb immerdar. Bin ich den Vornehmen ein Bruder gewesen, so war ich den Armen ein Vater und streute niemals Haß unter Menschen aus."

Eines anderen Grabes felsige Wand läßt den Bestatteten zu den Eintretenden die Worte sprechen: „Sagen will ich euch, die ihr nach mir lebt, wie es um mich bestellt war: ich war weder herrisch, noch fluchte ich, noch schmähte ich, noch liebte ich zu streiten mit meinem Nächsten. Niemals trat ich dem Bedrückten und Armen hindernd entgegen, sondern suchte in That und Wort Herzversöhnung."

Die Inschrift auf der Bildsäule eines Priesters der ägyptischen Minerva zu Saïs, welcher in den unglücklichen Zeiten lebte, als Kambyses seinen Kriegszug wider Aegypten

unternahm, beginnt, in ähnlicher Weise, mit den Worten:
„Ich ehrte meinen Vater und achtete meine Mutter und
liebte meine Brüder — ich begrub den, welcher gestorben
war und unbestattet liegen mußte und gab Unterhalt den
Kindern, welche geboren wurden. Ich gründete ihnen Häu-
ser und füllte sie mit Wohlthaten an, gleichwie es thut ein
Vater seinen eigenen Kindern. Denn siehe, eine schwere
Zeit war auch in dieser Mark (Sais) damals, als das große
Unglück über ganz Aegypten hereingebrochen war.“

Rührend klingt das Geständniß, durch welches ein No-
mosfürst an dem Seiteneingange seiner ewigen Herberge
des allbekannten Felsengrabes von Benihassan sein Andenken mehr geehrt hat als durch die Aufzählung kriegerischer
Züge, von denen der Stein den Nachkommen gleichfalls
Kunde giebt. „Was ich gethan habe, will ich sagen. Ich
war voll Güte und meine Liebe unbegrenzt — niemals be-
drückte ich das Kind des Armen, niemals betrübte ich die
Wittwe. Den Fischer ließ ich ungestört und den Hirten
beunruhigte ich nicht. Niemals belastete ich einen Menschen
mit Zwangsarbeit. Keine Hungersnoth war in meiner Zeit
und niemals fehlte es an Brot zur Speise. Denn ich be-
baute die Felder meines Landes bis zu seinen Grenzen nach
Süd und Nord hin, um Nahrung zu spenden seinen Bewohnern und Keinen ungespeist zu lassen. Der Wittwe
schenkte ich gleicherweise wie der Herrin eines Mannes und
wenn ich gab, so zog ich niemals den Höherstehenden dem
Niedrigen vor.“

Noch viele andere Zeugen könnte ich in den Steinen aufrufen, um sie erzählen zu lassen, mit welcher Pietät die Gesetze und Vorschriften der Moral Jahrhunderte und Jahrtausende vor unseren Tagen von den alten Aegyptern ausgeübt wurden und wie sie es als das schönste Denkmal der Erinnerung ansahen, die Steine von ihren Werken laut Zeugniß ablegen zu lassen.

Höher als Alles stand es, ja das ganze Ziel ihres Daseins auf Erden war es, guten Leumund nach dem Tode zu erreichen, auf daß, wie die Steine erzählen, „der Name sich erhalten möge bis in alle Ewigkeit, daß sein Haus erhalten bleibe und seine Nachkommen bestehen auf Erden."

Trotz aller Macht, alles äußeren Glanzes, aller Heiligkeit ihrer Person hielten es die Pharaonen nicht unter ihrer Würde, den nachkommenden Geschlechtern das Geständniß ihrer Prüfung vor dem unvermeidlichen Todtengericht zu melden, welches in feierlichster Weise über die Verstorbenen abgehalten wurde. Die Steinwände der hochberühmten Königsgräber von Biban-el-moluk in dem westlichen Felsenthale Thebens erzählen noch heutigen Tages in einfach rührenden Worten Pharao's Bekenntnisse vor Gott und den Menschen.

„Ich habe gelebt von der Wahrheit — so spricht der König — und habe mich genährt mit Gerechtigkeit. Was ich den Menschen gethan, war voll Versöhnung und wie ich Gott geliebt, das weiß Gott und mein Herz. Ich habe Brot dem Hungrigen, Wasser dem Durstigen, Kleider dem

Nackten gespendet, und dem Wanderer gewährte ich ein Obdach. Durch Opfer ehrte ich die Götter und durch Todten= spenden die Verstorbenen."

Nach diesem allgemeinen Bekenntniß, welches seine Haupttugenden bezeugt, wendet sich der König an seine göttlichen Richter und sagt das negative Bekenntniß der 42 Kapitalsünden des altägyptischen religiösen Gesetzbuches her, die tabellarisch geordnet an der Felswand prangen und von denen an dieser Stelle einzelne Platz finden mögen:

„Nicht habe ich geraubt, nicht habe ich betrogen, nicht habe ich einen Menschen getödtet noch hinterlistig tödten lassen, nicht habe ich geheuchelt, nicht habe ich gelogen, nicht habe ich Thränen erpreßt, nicht mein Ohr von den Worten der Wahrheit abgewendet, nicht habe ich geflucht, nicht meinen Arm walten lassen, nicht Gott, noch den König, noch meine Eltern geschmäht, nicht Gott aus meinem Herzen gebannt."

Die sittliche Höhe eines Volkes findet einen besonderen Maßstab in der Achtung und Stellung, welche dasselbe den Frauen zu Theil werden läßt, und in dieser Beziehung be= weisen die Berichte der Steine, daß die alten Aegypter be= reits in den Urzeiten aller Menschengeschichte mit Sinnig= keit und zarter Miene den schöneren Theil des Menschen= geschlechtes zu lieben und zu achten verstanden.

In einem Felsengrabe zu Lykopolis, an dessen Fuße sich die modern arabische Stadt Ossiut aufbebaut hat, preist der kalte Fels die Herzensgüte eines uralten Nomarchen mit dem anmuthigen Lobe: „Niemals habe ich das Kind von dem

Busen seiner Mutter noch den Armen von der Seite seiner Gattin gerissen."

Die Mütter, so sagen es die Steine, beschützt und bedeckt das Kind mit ihrer Liebe, wie die Henne mit ihrem Flügelpaar die Küchlein, darum war ihre Würde so groß, daß die Steine öfters den Namen des Vaters als den der Mütter in den Geschlechtsregistern übergehen. Die einzige Gattin, als deren Hauptschmuck die Liebe zum Gatten von den Steinen genannt und gepriesen wird, führt den ehrenden Titel der Herrin des Hauses. Und wenn die Steine sonst nicht gern in Bildern zu reden pflegen, so bezeichnen sie dennoch in gehobener Stimmung die Frauen als „schöne Palmen, deren Frucht die zarte Liebe ist", und die Götter versprachen ihren Lieblingen unter den erdgebornen Söhnen das schönste Geschenk, welches sie dem Menschen auf Erden zu spenden vermögen, „die Achtung bei den Männern und die Liebe bei den Frauen." Das erzählen Hunderte von Steinen.

Die schönste der Göttinnen, die aphrodisische Hathor, welche die Steine als „die goldene himmlische Herrin" bezeichnen, welche „den Himmel und die Erde mit ihrer Schönheit erfüllt", und deren goldener Kranz das Band der Alles in der Natur wie im Leben des Geistes vereinigenden, bindenden Liebe sinnvoll symbolisirt, diese holde Göttin wurde als die Königin der Frauen geehrt und der auf Erden lebenden Königin Aegyptens im Hathorschmuck, als der Stellvertreterin der Göttin der Liebe, von den Frauen gehuldigt.

Wenn man gewohnt ist, in der offiziellen Sprache der ägyptischen Steine und in der bunten, vornehmlich für das Tageslicht bestimmten Hieroglyphe schwülstige Lobsprüche und übertrieben ausgeschmückte Titel zu vernehmen, so muß die zarte, innige Wärme der Herzenssprache, welche aus Grabesnacht und aus der ehrwürdigsten Vorzeit zu uns herübertönt, den vollen Beweis liefern, daß veredelnde Anmuth der Sitten, daß Wahrheit und Gerechtigkeit, daß versöhnende Herzensmilde bereits in jenen Urzeiten der Geschichte, aus denen die Steine, die Zeugen jener Tage, zu uns sprechen, als ein Schmuck des Menschenthums angesehen ward, der höher galt als Reichthum, Rang und Titel, als ein Schmuck, nach dem die Großen des Volkes geizten und den zu verdienen das Ziel der irdischen Wanderung war.

Wenn der Odem der Seele lauter und rein, wie die täglich im Osten aufgehende Sonne dem geborenen Menschenkinde von der Gottheit durch die Nase eingeblasen ward, so sollte sie am Ende ihres Laufes wie die scheidende Sonne, makellos und glanzvoll im Westen zu Rüste gehen, um Zeugniß vor dem ewigen Richter abzulegen und sich vereinigen mit der ewigen Gottheit Urbild. So sagen es wörtlich die Steine.

Es liegt ein tiefer Trost in den alten Steinen verborgen, daß die scheußlichen, halb Mensch halb Thier gestalteten Wesen in den Sculpturen und Malereien der Denkmäler nicht Aegyptens wahre Götter, sondern politisch-religiöse Masken waren. Die Steine melden, daß die Gottheit

eine ungetheilte, vom Anfang an bestehende, alle Dinge
erschaffende war, und daß sie namenlos sich den verklärten
Seelen als das mosaische Ich — bin — der — Ich — bin
offenbarte. Freilich ward nun den Eingeweihten diese reine
Lehre kund gethan und die Steine warnen vor Enthüllung,
wenn sie den Jüngern der Mysterien zurufen: „Das ist
ein sehr verborgenes Buch, laß es Niemanden irgendwo je=
mals wissen, sage es keinem Menschen, laß es kein Auge
sehen, kein Ohr hören, nur du allein sollst es wissen, sammt
dem, der dich's gelehrt hat." —

Das besondere Vertrauen zur Gottheit, welches neben
reinem Frohsinn und unschuldiger Lebenslust die alten
Aegypter erfüllte, findet einen beredten und vielfach ver=
tretenen Zeugen in der sichtbar ausgestellten und nicht nur
allein in der für die dunkle Grabesnacht bestimmten Stein=
welt, welche uns von den Thaten und von dem Leben der
Könige und Großen des Landes erzählen. In Freude und
Leid, in Angst und Lust, in Sieg und Niederlage ist es die
ewig waltende Gottheit, welcher Dank und Gebet zu
Theil wird.

Wenn Ramses III. auf der langen Steinwand des
Amontempels zu Medinet=habu in prunkhafter Darstellung
die von ihm Ueberwundenen in langem Zuge nach Aegypten
triumphirend aufführt, so erzählt der Stein: „So spricht der
König zu den Fürsten und Gewaltigen in seiner Umgebung:
Ihr habt geschaut die Gnade ohne Ende, welche der König
der Götter mir, seinem Kinde, bewiesen hat", und wieder erzählt

es eine Steinmauer an der Südseite des thebanischen
Amontempels.

Als Ramses II., der große Sesostris der Klassiker, ab=
geschnitten von den Seinigen, an den Gestaden des syrischen
Orontes von den mächtigen Hethitern umzingelt wird und,
augenscheinlich ein verlorener Mann, auf seinem Wagen
allein mit seinem Wagenlenker dasteht, da läßt ihn der kalte
Stein die warmgefühlten Worte ausrufen: „Meine Bogen=
schützen und meine Wagen haben mich verlassen, nicht Einer
blieb bei mir, um für mich zu streiten. — Wo bist du,
mein himmlischer Vater Amon? Siehe, kann denn ein
Vater seines Kindes vergessen? Habe ich jemals auf eigene
Kraft vertraut; wo ich ging und wo ich stand war mein
Antlitz nicht dir zugewendet? Habe ich nicht immer nur nach
den Worten deines Mundes gehandelt und folgte ich nicht nur
deinem gewaltigen Rathe? O du großer Herr Aegyptens,
vernichte die Völker, die mich umringen! Was sind denn
diese Hirten, denen Amon Nichts gilt, welche von Gott nichts
wissen! Habe ich dir nicht zahllose und großartige Denk=
mäler aufgeführt, habe ich nicht dein Heiligthum mit Ge=
fangenen angefüllt, welche dir einen langdauernden Tempel
bauten? Habe ich dir nicht Hekatomben geschlachtet und
süßduftende Kräuter aller Art geweiht? Ich habe dir dir Haus
gebaut von Stein und ewige Säulen darin aufgerichtet und
Obelisken von Elephantine herbeigeholt. Für dich habe ich
Schiffe in's Meer gesendet, um aller Völker Werke dir zuzufüh=

ren. Hat ein Anderer jemals das gethan? Zu Schanden wird, wer deinem Willen widersteht, erhoben aber, der dich preisend anerkennt, oh Amon. Aus vollem Herzen schrei ich in der Noth zu dir, mein Vater Amon! Umzingelt bin ich von zahllosen Völkern aller Landen. Allein bin ich, kein Anderer ist mit mir. Verlassen haben mich meine Bogenschützen und Wagen. Von Furcht beseelt, hat kein einziger meinen Ruf gehört. Aber Amon ist besser als Myriaden Bogenschützen, als Millionen Wagen, als zehn Tausend erwählter Jünglinge und wären sie alle an einem Ort vereinigt. Nichts gilt die Hülfe zahlreicher Menschen, Amon steht höher als sie."

Nach diesen Worten voller homerischer naiver Einfalt, ergreift der König mit neuer Kraft und von neuem Muthe beseelt, seine Waffen und Amons Hülfe wird ihm so sichtbar zu Theil, daß er nicht nur der augenscheinlichen Gefahr glücklich entrinnt, sondern den blutbespritzten Boden mit den Leibern der erschlagenen Feinde bedeckt.

Das Maaß der Zeit gestattet mir leider nicht, die Steine als weitere Zeugen für die Behauptung auftreten und selber es sagen zu lassen, daß bereits in den Zeiten, in welchen Abraham bei seiner Wanderung nach Aegypten in einen vollständig entwickelten Culturstaat an den fruchtbaren Ufern des Niles eintrat, die den Menschen und alles Menschliche veredelnde Sitte an dem Fuße der Pyramiden eine Pflanzstätte errichtet hatte, deren erstes vornehmstes Gebot es war:

durch die Liebe zu Gott und zu seinem Nächsten sich zum
wahren Leben nach dem Tode vorzubereiten.

So reichhaltig und unerschöpflich die Zahl der Denkmäler des ägyptischen Alterthumes sein mag, welche aus
uraltem Platz weggerissen und nach den Museen des modernen Europa gebracht worden sind: so sicher ist der Beweis
zu geben, daß die Mehrzahl derselben jenem Gedanken
dienen, welchen ich so eben als das erste und vornehmste
Gebot der ägyptischen Sittenlehre bezeichnet habe.

Selbst in der ausgelassensten Lebensfreude wurde der
Genuß der Freude durch den symbolischen Hinweis auf die
letzte Stunde eben so sehr sinnlich gemäßigt als geistig ge-
steigert.

Wenn die alten Aegypter beim frohen Male beisammen
saßen und abgegessen hatten, da trat ein Mann mit einem
kleinen Sargkasten und einem hölzernen Todtenbilde darin
in das Gastzimmer, zeigte es der Reihe nach den einzelnen
Gästen und sprach dazu die Worte: Betrachte diesen und
dann trink und sei fröhlich, denn wenn du todt bist, so wirst
du sein gleich wie dieser! Und selbst in dem Liede, das
nach alter Trauermelodie bei den Gelagen von den Aegyptern gesungen zu werden pflegte, vermischte sich des Lebens
Ernst und des Lebens Lust in gar seltsamer Weise. Sie
beklagten in dem vom bösen Dämon Typhon alljährlich getödteten guten Gott Osiris nicht nur die im Winter hin-
sterbende Natur und getrösteten sich in seiner Wiederkunft

aus Grabesnacht nicht allein der vom Frühlingslicht zu neuem Leben erweckten, sondern erkannten und besangen in des Gottes Leben und Sterben, im Kreislauf der Jahres= zeiten, das sinn= und bedeutungsvolle Symbol der Unver= gänglichkeit des eigenen Menschendaseins, der Unsterblich= keit der Seele.

Die alten Aegypter haben ihre Mission in der Welt= geschichte als strebsames Culturvolk erfüllt. Am äußersten Horizont des historischen Wissens stehend, haben sie bereits im grauen Alterthume die Wurzeln der Cultur gelegt und, wie ein großer Geist es ausspricht: „die erste Anregung zu solchen Ideenkreisen und Gefühlen gegeben, die mit der Vermenschlichung und Geisteserhebung eines Volkes verwandt sind. Was vielfach getrübte Ueberlieferungen später Augen= zeugen nur zu vermuthen gestatteten, das sagen uns gegen= wärtig die Steine, vor denen Jahrtausende lang Heerschaaren und Karawanen vorübergezogen sind, ohne von ihrem In= halte etwas zu ahnen.“

Vor allem aber war es Folge des tiefen Ernstes der Anschauung von der Bedeutung des menschlichen Lebens, war es Folge des tief wurzelnden religiösen Sinnes, daß gerade in Aegypten die Lehre des Christenthums bis in den Tod getreue Anhänger gewann, und es ist nicht bloßer Zufall, son= dern weltgeschichtliche Fügung, daß da, wo an den alten Tempeln und in den Gräberhöhlen die Steine von den alten Göttern, Königen und Menschen fast athemlos erzählen, die jüngeren steinernen Nachbarn in christlicher Demuth von den frommen Gefühlen und Gedanken und von dem felsenfesten Glauben der ältesten Christen reden.

Nicht nur dem altägyptischen Morgenlande wohnt der unbändige Drang inne, den Stein im Grabe vom alten Denken, altem Sinnen, von alten Werken, mit einem Worte vom alten Menschen, wie er war und lebte, der Nachwelt überfüllte Kunde zu geben; auch dem heutigen Orient ist eigene Liebe zu den Steinen angeboren und Steine müssen laut es sagen, was der Mensch einst fühlte, sann und dachte. Mag der wandernde Europäer die krummen, engen Straßen türkischer Städte, von der glanzerfüllten Hauptstadt gläubiger Alttürken am Bosporus an durchziehen, mag er von Afrika's ungastlicher Nordwest=Spitze an bis zu den Hochflächen des centralen Asiens seinen Wanderstab einsetzen: so werden an der Gassen krummen Zeile und an der langen Karawanen=straße, selbst an den einsamsten und oftmals gerade an den einsamsten Stellen, die erzählenden Steine niemals fehlen.

Rechts und links von dem fußbetretenen Wege der leben-den Menschen lagern die weißglänzenden Mäler, deren Stimme sich an den kommenden und gehenden Wanderer auf der Straße richtet. Sie rufen ihm schweigend die Worte des unsterblichen italienischen Dichters zu: „viver! ch'è, un correr alla morte" „was ist das Leben, als ein Hinlaufen zum Tode" und ermahnen den allzuhastigen Pilger an das unvermeidliche allgemeine Reiseziel zu denken.

Aber wie sich in den altägyptischen Steinen eher die
Sehnsucht nach dem Endziele der Wanderung, als die Klage
um das entschwundene Leben zu erkennen giebt, so beweinen
diese Steine, wenn sie über den gewöhnlichen Koranvers
hinauskommen, in sehnsuchtsvoller Sprache den Verlust des
irdischen Daseins und drücken Jammer um das geraubte
Tageslicht mit vollstem Schmerze aus. Auf den zahllosen
Steinen, welche an den persischen, von mir durchreisten
Landstraßen dem Wanderer in dieser Weise ein ernstes
memento mori zurufen, nimmt der Gedankenflug einen
ebenso sinnigen, als melancholischen Ausdruck an, ohne in
die breite Ueberschwenglichkeit morgenländischer Dichtungs-
weise zu verfallen.

> Der Frühling kommt, ich schwinde hin vor Sehnen,
> Mein Herz erglüht, mein Auge schwimmt in Thränen.
> Der Blumen Haupt steigt tagwärts aus dem Staube,
> Mein Haupt allein liegt ew'ger Nacht zum Raube.

Keine Klage kann bitterer, kein Jammer tiefer und inniger empfunden und ausgedrückt sein, als die Worte eines
persischen Grabsteines, denen zur vollen Schöne der ägyptische Schluß fehlt: Gerade weil der Frühling wiederkehrt,
darum werde auch ich wiederkehren!

Als ich unter den Steinen eines orientalischen Leichen-
ackers nach den Stimmen der unter meinen Füßen bestatteten Menschen forschte, rief mir eine Tafel in ähnlicher
Weise, nur in etwas verschiedener Auffassung, die Klage um

das theure Leben zu, und ich citire die persischen Verse in deutscher Uebersetzung um so lieber, als sie ein helleres Licht auf den ganzen Charakter des in vielen Beziehungen so merkwürdigen, als indogermanisch, mit uns Deutschen verwandten persischen Volkes werfen:

„O Jammer, daß die Seele
Aus diesem Körper zog,
Die trunkne Philomele
Aus ihrem Haine flog!
Ihr Freunde und ihr Brüder,
Gedenkt bisweilen mein,
Niemals kehr' ich ja wieder
Von dieser Reise heim.

Die redenden Steine sind die redenden Menschen selber. Aus ihren Worten athmet der Geist und das Gemüth des einzelnen Menschen wie ganzer Völker! Wenn es mir, mit Bezug hierauf, gestattet sein mag, zum guten Schluß meinem Vaterlandsstolz Rechnung zu tragen, so hat Preußens Heldenkönig, der große Friedrich, auch in den steinernen Stimmen aus seiner Zeit epigraphische Vollendung erreicht, welche die Macht und die Schärfe seines Geistes in ihrer ganzen Größe documentiren. Giebt es eine schönere Inschrift für eine öffentliche Bibliothek, als die kurzen Worte an der Königlichen Bibliothek zu Berlin: Nutrimentum spiritus „Nahrung des Geistes“, und können andere Worte — und wären sie ellenlang und voller Pomp — den invaliden Krieger edler und höher ehren, als die an der steinernen Tafel, welche sich über der Thür zum Eingang des Invalidenhauses zu Berlin befinden und dem Wanderer, der vorüberzieht oder eintritt, mit Würde und Heldenstolz zuruft:

Laeso et invicto militi

„dem verwundeten und unbesiegten Krieger."

Germanen und Perser.

Friedrich von Schack, der geistvolle Ueberseher des poetischen Königsliedes von Firdusi, schließt mit folgenden ebenso schönen als wahren und tiefempfundenen Worten seine vortreffliche Einleitung in das iranische Epos des unsterblichen Dichters der Smahnacheh.

„Firdusi ist nicht allein der größte Dichter des Orients, sondern auch der klarste, einfachste und besonnenste, derjenige, der die meiste Verwandtschaft mit dem abendländischen Geiste zeigt. Die Deutschen vor Allen sollten ihn als ihren Stammesgenossen willkommen heißen und das durch ihn neugeschaffene Epos von Iran als ein ehrwürdiges Denkmal ihrer eigenen Urzeit begrüßen. Denn aus den mittelasiatischen Hochländern an den Dschihunquellen, wohin die ältesten Spuren dieses Epos zurückführen, sind

nach den unumstößlichen Resultaten der neueren Forschung
gleich den Persern, auch die Urväter der Germanen herab-
gestiegen, und wie die Sprachen dieser Völker ihre Entstehung
aus gemeinsamer Quelle noch deutlich verrathen, so athmet
auch ein verwandter Geist in den iranischen und den ältesten
deutschen Heldenliedern; den heroischen Sinn, die gesunde
Kraft, den Adel der Sitte und die Innigkeit des Gefühls,
die sich auf schlichte, keusche Weise in den Nibelungen und
der Gudrun aussprechen, wird man, freilich mit dem höhe-
ren Pomp des Orients bekleidet, auch in dem iranischen
Epos wiederfinden."

Indem ich diesen Schlußstein als Grundstein zu dem
Bau übertrage, den ich vor dieser Versammlung im
Geiste aufzuführen gedenke, erwächst mir zugleich Erfüllung
des Wunsches, leicht und verständlich die Schwierigkeit zu
überwinden, welche in der allgemein gehaltenen Bezeichnung meines Vortrags dadurch entgegentritt, daß „Germanen und Perser" zu viel oder zu wenig versprechend,
entweder anziehen und enttäuschen oder zurückschrecken und
vielleicht dennoch befriedigen.

Die übrigen Werkstücke, welche das Gebäude aufführen
helfen, hole ich aus der Nähe und aus weiter Ferne her.
Die ersteren, von edlem Ursprunge, sind Ehrengaben deutscher Männer, welche mit Bohr und mit Meißel, mit
Scharfsinn und Wissen ausgerüstet, in den tiefen Schacht
der Urzeit hinabgestiegen sind und aus dem verborgenen
Grabe die köstlichsten Steine zu Tage gebracht und zu dem

allgemeinen großen Bau der Wissenschaft herbeigetragen
haben. Was die Meister der geistigen Erkenntniß hier in
der vaterländischen Welt der Gesittung ans Licht gefördert
haben, darf weder seinem Umfange, noch seiner Vollendung
nach verglichen werden mit dem geringen und leichten Bau=
stoff, den mir des Schicksals Fügung gestattete, aus dem
fernen Persien, aus der Welt versunkener alter Größe und
Herrlichkeit und von dem Schauplatz der heutigen iranischen
sittenlosen Zustände und vermessenen Ueberhebung, als be=
scheidenen Handlanger nach der geliebten deutschen Heimath
sorgsam zu tragen.

Eine Wiege der Kindheit, eine Urheimath umfaßt die
Völkergruppen, welche, heutigen Tages weithin zerstreut auf
räumlich großen Ländergebieten lebend, von der Wissenschaft
als Indogermanen in die Urzeiten der Geschichte eingeführt
sind. Das, was in früheren Zeiten kein menschliches Ahnen
vorauszusehen vermochte, hat gegenwärtig eine so sichere
geschichtliche Berechtigung erlangt, daß jeder Zweifel daran
nur mit Unwissenheit entschuldigt werden darf. Da, wo die
leitende Hand der Geschichte durch die dunklen unermeßlichen
Räume der ältesten Vorzeit aufhört, Führer und Leiter zu
sein, da wo die geschichtliche Zahl im Nebelgrunde grauer
Sage verschwindet, hat die sprachvergleichende Wissenschaft
den entschlüpften Faden der Ariadne mit kühnem Griffe
aufgenommen und von dem Zusammenhang der Sprachen,
nicht nach dem Gleichklang der geschriebenen und gesprochenen
Wörter und Bildungsformen, sondern nach unumstößlichen

Gesetzen des wechselnden Lautes näher bestimmt, auf den
Zusammenhang der Völker bis zu ihrer Urheimath hin
scharfsinnig geschlossen. Die Juden, so lehrt es heute die
Wissenschaft, die Iranier, zu ihnen der Perserstamm gehö-
rend, die Slawen, die Griechen und Römer, die räthselhaften
Kelten und endlich die Deutschen sind Kinder einer Ur-
mutter und reichen sich als gerechte Stammverwandte brü-
derlich die Hand. Ursprünglich eine gemeinsame Heimath
des indogermanischen Sprach-Edens, in den wald- und
weidereichen Landschaften Hochasiens theilend, haben sie sich
nach und nach von einander getrennt, wie sie die Wande-
rungslust, die einen hierhin, die anderen dorthin, nach allen
Weltgegenden auseinandertrieb. Kein Denkmal der Geschichte hat die Erinnerung daran bewahrt, nur die Vergleichung ihrer Sprachen wirft in der Gemeinsamkeit uralter
Stämme und Wurzeln für gleiche Begriffe ungeahnte Licht-
blicke in jene zur Gesittung und Ordnung ringende und
strebende Vorzeit des Menschenthums.

Die Familie in ihrer weiten Verzweigung und Ver-
schwägerung, so lehrt es die heutige Forschung, bildete die
Grundlage eines staatlichen Zusammenlebens, das sich bereits
weit über patriarchalische Urzustände herausgearbeitet hatte.
An der Spitze der kleinen Gemeinden standen Herrscher,
für welche man Bezeichnungen gewählt hatte, die dem Hir-
tenleben entlehnt waren, in welchem der Hüter der Heerde
ein Beschützer wird, oder die sich auf körperliche Stärke
und äußeren Glanz bezogen. Die Einen zogen mit

ihren Heerden, unter denen die verschiedenen Bezeichnungen
für die Exemplare des Rindvieh=, Pferde=, Schaf=, Ziegen=
und Schweinegeschlechtes durch gemeinsame Wurzel nach=
gewiesen sind, auf wonnigen Weiden und auf den waldigen
schattenreichen Bergen einher, wobei nach Hirtenweise der
Karren und Wagen das Haus vertrat, und hafteten mit dem
Fuße an dem Boden, der ihnen besonders gefiel. Die An=
deren, fleißige Ackerbauer, pflügten und bestellten das frucht=
bare Land mit einfachen Werkzeugen, vor allen mit dem
stamm= und begriffsverwandten Pfluge, welcher wie das
Schiff die feuchte Fluth, so die Erdscholle zerspaltet, säeten
und ernteten das Getreide, zerrieben es auf der Handmühle
zu Mehl und buken sich daraus ihr tägliches Brod. Die
Wohnungen und Gehöfte, durch Thüren verschlossen, wuchsen
allmählig zu Dörfern und Städten an. Die Mäuse hatten
ein gutes Spiel in diesen Urzeiten des Menschengeschlechtes,
da, wie es scheint, die Katze noch nicht gezähmt war, wäh=
rend der Hund bereits ein Freund der menschlichen Nach=
barschaft geworden war. Unter dem Geflügel hatte die alt=
heilige Gans, die Ente und die Taube den Muth, sich unter
den Schutz des Herrn der Schöpfung zu begeben, der da=
mals wie noch heute von Wespen, Mücken und Fliegen in
sommerlicher Hitze geplagt war. Der fremde Ankömmling,
mit Thieropfern bewirthet, wurde bei seinem Erscheinen noch
als Feind betrachtet, und die Feindschaft unter den Menschen
äußerte sich durch den Raub der Viehheerden. Die Gott=
heit, von den Persern und Deutschen durch eine gemeinsame

Wurzel (Khuda — Gott) bezeichnet, wurde in Hainen ver=
ehrt. Nach den Benennungen derselben bei den verschiede=
nen Völkern der indogermanischen Sprachfamilie zu schließen,
scheint eine bestimmtere, auch lautlich begründete Auffassung
des höchsten Wesens sich erst nach der Trennung von den
gemeinsamen Ursitzen entwickelt zu haben.*) Das Schreiben
war nicht die Sache der alten Indogermanen und die
Schreibekunst ihnen weder überliefert, noch von ihnen er=
funden und gebraucht. Die Ausdrücke in den verschiedenen
indogermanischen Sprachen, welche sich auf die Schrift be=
ziehen, weichen daher alle von einander ab.**) Nur eine
sehr entfernte äußerliche Aehnlichkeit bieten später nach der
Völkertrennung die eingeritzten altdeutschen Runen mit der
in Stein eingegrabenen iranischen Keilschrift dar. Was der
Nachwelt und den kommenden Geschlechtern überliefert wer=
den sollte, geschah mit Hülfe des Gedächtnisses und wahr=
scheinlich viel genauer und eindringlicher, als es in unserer
schreibseligen Zeit der Fall ist.

Die großen Auswanderungen aus der Wiege der Urheimath,
zu welchen unbekannte Ursachen die einzelnen Völker des indoger=
manischen Sprachstammes, am frühsten, wie es scheint, den
ionisch=griechischen Zweig, veranlaßten, zerstörten mit einem

---

*) S. die Beweise in Prof. Kuhn's vortrefflicher Abhandlung:
„Zur ältesten Geschichte der indogermanischen Völker" in den indi=
schen Studien, Heft III, Berlin, 1850. S. 321 ff.
**) Vergl. Spiegel „Studien über das Zendavesta" in der Zeit=
schrift der deutschen morgenländ. Gesellsch. Bd. IX. S. 179.

Schlage das friedliche Bild des gemeinsamen Familienverkehrs der indogermanischen Völkergruppen. Am nächsten ihrem alten Ursitze blieben Perser und Inder, am weitesten von ihnen entfernte sich der deutsche und keltische Stamm. Was die Auswanderer neben ihrem vergänglichen Eigenthum aus der Wiege ihrer Kindheit in die Fremde mit sich nahmen, war nächst der Sprache die Erinnerung uralter gemeinsamer Sage und die heimische Sitte und Gewohnheit. Unter den Einflüssen der Bodengestaltung, mehr oder weniger einen regen Völkerverkehr begünstigend, bis zu den Wohnsitzen an den Küstensäumen des Meeres hin, welches zu allen Zeiten der Verbreitung der Kultur so förderlich gewesen ist; unter dem veränderten Himmel, dessen mildes oder rauhes Klima die allgemeine Gesittung zu heben oder zu erschweren vermag, haben sich die Indogermanen in ihrer Weise zu geschichtlichen Größen entwickelt und sind im eigentlichen Sinne des Wortes die Träger der Kultur und der das Menschenthum veredelnden Sitte geworden. Sie haben in dem vielgegliederten Festlande Europa's, unter der erwärmenden Sonne des nördlichen Himmels eine Höhe erreicht, die, ein glanzvoller Punkt, nimmer aufhört, ihre wohlthätigen Strahlen nach allen Richtungen des geistigen Verkehres hin segensreich wirken zu lassen.

Nachdem Jahrtausende vergangen sind, nachdem das Leben der Völker von den mannichfachsten Schicksalen heimgesucht ward, in seiner Entwickelung bald gefördert durch geistigen Austausch und veredelnde Wechselwirkungen in dem Streben nach Gesittung, bald in schädlicher Weise gehemmt und gestört durch die Berührung mit feindlichen, rohen Massen, muß es in der That einen eigenen Reiz gewähren, die Spuren sorgsam zu verfolgen, welche sich bis in die Gegenwart hin selbst bei den Zweigen des germanischen Völkerstammes, welche geographisch durch große Räume von einander getrennt sind, unbewußt und von der großen Menge unerkannt, als treu bewahrtes Erbtheil der uralten Heimath, in Sage, Sitte, Gewohnheiten und Ansichten erhalten haben. Sehen wir zu, was und wie die Perser, was und wie die Deutschen durch Jahrtausende an solchen Erinnerungen an die Urzeit treulichst bewahrt haben.

Firdusi, der unsterbliche Dichter des Königsliedes, hat sich für ewige Zeiten den Dank erworben, die alten iranischen Sagen, von Geschlecht zu Geschlecht mündlich überliefert, sorgfältig gesammelt und wie Blumen zu einem schönen dichterischen Kranze verbunden zu haben. Sie versetzen uns in den Mittelpunkt der frühsten Menschengeschichte, in die Landschaften um den hohen schneebedeckten Hindukuh. Von hier aus waren die Iranier, die Stammväter der Perser in die Landschaften Baktriens und die angrenzenden Gebiete herniedergestiegen, dem Feuer, der Sonne, dem Monde, der Erde und dem Wasser mit göttlicher Verehrung huldigend und Alles unter zwei Urwesen unterordnend, deren eines, rein und heilig, das Reich des Lichtes, das andere, unrein und böse, das Reich der Finsterniß beherrschte, getrennt von einander, wie in der deutschen Sage der heilige Tag und die dunkle Nacht. Auf den Berghöhen

und auf künstlichen Hügeln in den Ebenen zündeten die from=
men Iranier dem lichtreinen Gotte Auramazda die Opfer=
flamme auf dem Sonnentische an und verfolgten mit Haß
und Feindschaft die Diener des Ahriman, welche in den
wolken= und nebelgetrübten Landschaften Turan's, jenseits
des Orus, dem Aufenthalte böser Geister und Gespenster,
als Wandervölker unstät umherschweiften. Als mohameda=
nischem Perser war es Firdusi nicht gestattet, die Glaubens=
lehren Zoroaster's, des Reformators des alten Feuerdienstes,
näher zu berühren. Die schriftlich überlieferten Bücher,
welche die zoroastrische Lehre enthalten, bestätigen indeß und
erweitern die von Firdusi behandelten Sagen und weisen in
ihrer ausführlichen Entwickelung auf einen engen Zusammen=
hang mit der indischen Götterlehre hin.

Die Verehrung der Sonne und des Feuers hat, merk=
würdig genug, selbst unter der mohamedanischen Bevölkerung
Persiens, sich bis auf den heutigen Tag hin in so deutlichen
Spuren erhalten, daß das größte Fest des persischen Jahres
beiden zu Ehren in alt herkömmlicher Weise gefeiert wird.
Sobald die Sonne in das Zeichen des Widders tritt und
mit diesem Augenblick der Frühling beginnt, zeigt sich der
Schah von Persien, umgeben von den Großen des Reichs,
in morgenländischer Pracht und Herrlichkeit dem Volke Irans.
Zu gleicher Zeit lodern aller Orten Freudenfeuer auf; in
den Bazaren leuchten wie mit einem Zauberschlage auf
einem Male Kerzen und Lampen in hellem Lichtglanz.
Diese uralte Sitte, welche bis auf ihren Stifter, den fabel=

haften König Dschemischid zurückgeführt wird, hat eine auffallende Aehnlichkeit mit dem altdeutschen Nothfeuer, welches an gewissen wiederkehrenden Jahrestagen, vor allen am Ostern- und Johannistage, angezündet wurde. Im nördlichen Deutschland bezeichnet das Osterfeuer das Fest des Frühjahrs, entsprechend der eben beschriebenen persischen Nauruz-Feier; im südlichen: das Johannisfeuer die Sonnenwende. Ein mit brennbaren Stoffen bedecktes Rad vertritt bei dieser Gelegenheit offenbar das Bild der Sonne. Das Antlitz der deutschen „Frau Sonne“ findet in allen Theilen Persiens sein Schwesterbild wieder. Moscheen, Paläste, die Wohnungen der Perser sind mit einem runden Frauengesicht, umgeben von einem Strahlenglanze, geschmückt und selbst in dem persischen Wappen taucht das lachende Antlitz der Frau Sonne über dem Bilde des schreitenden Löwen hervor. Auch pflegen Deutsche und Perser die gemeinsame Anschauung vom Sonnenschilde zu theilen.

Wie in Uebereinstimmung beide Völker dem Feuer huldigen, mögen folgende Beispiele bezeugen. Als belebtes Wesen erscheint den Deutschen unter Anderem das Feuer in dem bekannten rothen Hahn, der von Haus zu Haus fliegt, den Persern in einem Opfer, das sie ihm jeweilig darbringen, wie z. B. am Demavend, um allzustarke Regengüsse abzuwenden, wobei sie Ziegenmilch in das Feuer gießen. Aus derselben Verehrung geht bei den Persern die Sitte hervor, niemals in das Feuer zu speien noch einen Fluch gegen das Feuer auszustoßen.

Wie die Iranier noch gegenwärtig dem strahlenden Glanze des Lichtes besonders gewogen sind, mag ferner der auffallende Umstand bestätigen, daß sie große Versammlungen und fröhliche Feste auch äußerlich durch reichliche Aufsteckung brennender Lichter zu verherrlichen suchen, ohne im Stande zu sein, einen Grund für die altübererbte Vorliebe zur Flamme und zum Lichte anzugeben. Das brennende Licht spielt auch bei den Deutschen älterer und jüngerer Zeit eine nicht unbedeutende Rolle.

Man opferte den Quellen in der Weise, daß man Lichter anzündete und man soll einer abergläubischen Vorschrift zufolge zu Weihnachten mit Lichtern in den Brunnen schauen. Brennende Lichter pflegen die Perser auf der Oberfläche des Wassers schwimmen zu lassen.

Noch enger in den Kreis gemeinsamer Verwandtschaft führt die bekannte Feuerprobe, welche im deutschen Mittelalter einen so bedeutenden Umfang erreicht hatte und in schwierigen Rechtsfällen angewendet wurde, um die Wahrheit gleichsam mit Gottes Hülfe sichtlich vor Augen zu stellen. Ganz in ähnlicher Weise überließen es die Perser in vielen Fällen dem Gottesurtheile, die Wahrheit unverkennbar zu ermitteln. Als Kaikawus nicht weiß, ob bei einem Liebeshandel, in Weise der Phädra, seine Gattin Sudabe oder sein Sohn Sijawusch der schuldige Theil sei, befiehlt er seinem Sohne durch eine mächtige Gluth hindurch zu reiten. Auf schwarzem Rosse sitzend, mit goldenem Helm und

weißem Gewande bekleidet, sprengt dieser durch die prasseln=
den Flammenzungen und

Sieh da!

Sieh! aus dem Feuer tritt der junge Schah!
So Roß als Reiter waren unverbrannt,
Wie eine Lilie weiß war sein Gewand!
Nicht feucht geworden ward er in dem Meere
Und wenn er auch hindurch geschwommen wäre.
Denn unversehrt bleibt der, den Gott behütet,
Ob Feuer oder Wasser um ihn wüthet. (409).

Das Band gleicher Anschauung und gleicher Auffassung
des menschlich Edlen schlingt sich am schönsten in wunder=
barem Dufte der Poesie um Deutsche und Perser, wo das
Heldenthum in den Vordergrund tritt und der Dichter
es unternimmt, die kühnen Recken der mythischen Vorzeit
in ihrem Wesen und in ihren Werken, getreu uralter
Ueberlieferung, der späten Nachwelt zu schildern. Die
Sage, welche bei den Jraniern bereits eine abgerundete
Vollendung erreicht hat, wo bei den Deutschen die Erinne=
rung an die alte verschollene Götterwelt und an ein mäch=
tiges Heldengeschlecht der Vergangenheit im ersten Frühroth
dichterischer Bearbeitung zu dämmern beginnt, hat treu und
durchsichtig oft bis zu überraschenden Einzelnheiten hin
zwischen den beiden Völkern die verwischten Züge frühzeitiger
Verwandtschaft erhalten. Von edler Abstammung und ur=
kräftig wie die die altdeutschen Helden, durch ihre erhabene
Größe und Stärke, durch ihre Thaten, welche der Tugend
und dem Lichte dienen, das Böse und die Finsterniß ver=
folgen und ausrotten, erscheinen die persischen Helden in

Vater und Sohn wie göttliche Abbilder, aber unzertrennbar von dem rein Menschlichen, welches sich in den Empfindungen der Freude und des Schmerzes am klarsten und am durchsichtigsten auszudrücken pflegt. Die Gestalt der deutschen Helden ist ungeheuer, oft sogar mehrhändig und mehrarmig, darin an die wunderliche Formenwelt der indischen Sagenkreise erinnernd. Die persischen Helden, ihnen in der übermenschlichen riesigen Gestalt und in der unbändigen Kraft ähnlich, stehen dem gewöhnlichen Menschenthum durch den Mangel vermehrter Gliedmaßen viel näher. Die deutschen Helden erblicken gewöhnlich vor der Zeit das Licht der Welt, wie Tristan, und entwickeln, kaum erst Knaben, eine Heldenkraft, die alle Welt in Staunen setzt. Der persische Recke Rustem, um dessen Namen sich ein poetisch unendlich-schöner Sagenkreis schlingt, erblickt das Tageslicht, nachdem ihn seine Mutter Rudabe kaum vier Monate lang unter ihrem Herzen getragen hat. Zehn Ammen müssen das Riesenkind säugen. Ein Knabe von acht Jahren, verlangt er bereits nach Helm und Schwert und tödtet in diesem zarten Alter einen wüthenden Elephanten, der es wagt, gegen ihn anzurennen.

Oft ist es bei den deutschen und in den damit verwandten Sagen ein Zeichen der Heldenschaft, daß die künftigen Recken ausgesetzt und von Thieren gesäugt und von Vögeln gefüttert werden. Nicht anders bei den Persern. Der Heldenkönig Feridûn, welcher, dreizehn Jahre alt, den Thrannen

Zohak überwand und in der Demawend fesselte, wird von einer Kuh gesäugt.

In der herrlichen Sage von Sam und Sal läßt der Held Sam sein neugeborenes schönes Kind Sal, nur entstellt durch weißes Haar, dieses Fehlers halber aussetzen. An dem Fuße des Alburs, auf dessen „Gipfel, den kein Mensch erschaut, sich die Simurg ihr Wundernest gebaut," erblickt der wunderbare Riesenvogel den jammernden, hülflos daliegenden Säugling, trägt ihn zu ihrem Neste und ernährt ihn in Gemeinschaft mit ihren Jungen.

Wie die Helden der deutschen Sagenkreise nicht selten in der Blüthe ihres Lebens dahingerafft worden — ich habe nur nöthig, an Siegfried zu erinnern — andere wiederum ein hohes übermenschliches Alter erreichen: so hat auch die persische Sage ihren Helden entweder ein sehr kurzes Dasein zugemessen oder im Gegentheil sie durch ein langes segens- und thatenreiches Leben beglückt. Rustem's Sohn, der herrliche Pehlewanen-Sproß Sohrab, ist erst vierzehnjährig, als er bereits die größten Heldenthaten vollbringt und sogar, ohne es zu ahnen, den eigenen Vater zum Kampfe herausfordert. Nach männlichem, lange unentschiedenem Ringen unterliegt er und der Vater taucht den blanken Mordstahl in die Brust des jungen Helden. In einem wunderbaren Gegensatze dazu steht das Lebensalter anderer Helden und Könige, wie vor allen das des Dschemschid, des Königs im goldenen Zeitalter, den die Sage nicht weniger als siebenhundert volle Jahre regieren läßt.

Kluge Pferde sind ein wahrer Schatz und die treuen

Begleiter unserer Helden; Roland's getreues Roß Bajart, das noch im Ardennenwalde leben soll, wo man es alljährlich auf Johannistag wiehern hört, hat einen edlen Genossen in Rustem's Pferde Reckch, d. h. Blitz, das seinen schlummernden Herrn selbst gegen Löwen und Drachen zu schützen sucht, und Bischen's kluges Roß, Schäbring, steht ebenbürtig den edlen deutschen Thieren gegenüber. Die Helden unterhalten sich mit ihren treuen vierbeinigen Kumpanen, die sich, wie ihre Herren, in gleicher Weise durch riesige Größe und Kraft auszeichnen.

Die deutschen Helden, welche die Tugend und Unschuld beschützten und das Böse in allen Formen von der Welt zu vertilgen suchten, huldigten nebenbei den Freuden der Minne, des Liedes, des heiteren Mahles und des lustig kreisenden Bechers. Und wahrlich, sie besiegen in keiner Weise auch hierin die persischen Pehlewanen. Wenn Rustem zechte, da dauerte das Gelage tagelang; selbst die Nacht blieb nicht verschont. Da dachte er nicht an Kampfgewühl und Schlachten, sondern an Weingenuß und Zechen, derweil vom Sängermunde das Lied erscholl und rosenlippige, lilienwangige, feengleiche Mädchen die Heldenschaar durch ihren Anblick und ihre Nähe entzückten.

Denn auch die holde Minne und die Verehrung schöner tugendreiner Frauen ist ein Zug, der Perser und Germanen gleich auszeichnet. Der deutschen Frauen Ruhm ist alle Zeit hoch und werth gehalten; bezeichnet ja doch ihr Name Frau Frouwâ, Frowâ ursprünglich und immer noch die Herrin, vor Allem die göttliche Herrin Freya, die deutsche Göttin der Liebe. Die altpersische Sage hat vielfache Züge uralter Frauenverehrung aufzuweisen und das Gedicht von Bischen's und Menische's herzinniger Liebe ist ein zartes, rührendes Bild altpersischer reinster Minne. Die persische Feenwelt ist mit wunderbar herrlichen Peri's geschmückt, mit deren Schönheit nicht selten die erdgeborenen Frauen wetteifern. Trotz Schleier und Harem behauptet noch heutigen Tages die persische Frau eine Stellung, welche die der übrigen mohamedanischen Glaubensgenossinnen bei Weitem überragt. Das alt indogermanische Blut verläugnet sich darin nicht. Durch große Schönheit ausgezeichnet, oft sogar durch Bildung und Anmuth hervorleuchtend, ist es vorzugsweise die Frauenwelt, welche dem Dichter und Sänger begeisterungsvolle Stoffe leiht.

So treu wie die Germanen seit ihrem Abzug von den Gebieten des Hindukusch uns alte, fast nebelhafte Erinnerungen an die Helden und Frauengestalten bewahrt haben, so getreulich haben sie das Angedenken an eine Welt voll Wunder und böser Einflüsse, an die Welt der Riesen und Geister aus ihrer Erinnerung nie verwischen können. Wenn irgend in anderen Beziehungen, so ist Persien vor allen als die fruchtbare Wiege der überirdischen schädlichen Geisterwelt anzusehen, die bis auf den gegenwärtigen Augenblick die Einbildungskraft der Iranier in auffallender Weise zu erregen und zu beschäftigen im Stande ist.

Das unbekannte Riesenland, wo nach deutschen Vorstellungen ein ungeschlachtes Volk von Riesen auf Felsen und Bergen haust, ist in Persien nach uralter Ueberlieferung die fruchtbare, fast tropisch üppige Landschaft Mazenderan, im Süden des Kaspischen Meeres und zwischen diesem und der steilen Kette des Elbrus gelegen:

> „Arggesinnte Diwe hausen dort;
> Es ist ein Zauberei bewachter Hort,
> Das Schwert ist dort vergebens angewandt,
> Und nichts vermögen Schätze und Verstand.“

Die Riesen und Geister, welche den Namen der Diw führen, und ein ganzes Geschlecht und Volk böser, der Finsterniß ergebener Diener des Ahriman liegen in finsteren Höhlen mit

> „einem Leib von Berggestalt,
> Der ries'ge Körper füllt der Höhle Spalt —
> Das Antlitz schwarz, der Nacken löwenmähnig,
> Es scheint der Erde Raum für ihn zu wenig“ (245).

Sie reißen riesengroße Bäume aus der Erde, werfen mit ganzen Felsenstücken und versperren durch Drachen, Zauberer und Geister den Zugang. Berge und Ströme, von Geisterrotten bewacht, hemmen den Weg zu den finsteren Höhlen, in denen die großen Diwe im Reiche ewiger Finsterniß weilen. Sie hassen das Tageslicht, schlafen deshalb am tiefsten, wenn die Sonne des Mittags am höchsten steht, am hellsten scheint. Sie verwandeln sich in Thiere und Felsen und nehmen schreckensvolle Gestaltungen an, um den kühnen Ankämpfer mit Entsetzen und Grauen zu erfüllen, der es wagt, in ihr Bereich zu treten. Sie verschwinden plötzlich, erscheinen aber gleich wieder, um den Getäuschten mit sich fort in die Lüfte zu führen und auf die Erde oder in das Meer aus steiler Höhe zu werfen. — Kaum habe ich nöthig, der persischen Diwenwelt das deutsche Reich schreckensvoller Riesen und Geister in genauerer Beschreibung gegenüberzustellen. Zug um Zug entsprechen sich die Auffassungen beider Völker in der auffallendsten Weise, als ob eine Urquelle die Vorstellungen über die unheimliche Welt der bösen Geister genährt hätte. Wenn Bildung und Gesittung heutzutage auf deutscher Erde die alten Vorstellungen von dem Vorhandensein und dem bösen Wirken geisterhafter Wesen in den Hintergrund der Märchenliteratur und des Aberglaubens zurückgedrängt hat, so ist das alte indogermanische Erbtheil auf dem iranischen Boden noch so wenig in seinen Erinnerungen daran erloschen, daß ein Gang durch jede persische Stadt sofort den Beweis liefert, wie sehr sich der alte Glaube an die Diwe noch bei dem heutigen iranischen Geschlechte erhalten hat. Die Paläste der Könige, die Bäder, die Bazare und andere auffallende Baulichkeiten in den Städten, wie Teheran, Isfahan, Schiraz sind mit einer Fülle wunderbarer Bilder geschmückt, welche die sagenhaften Erzeugnisse altersgrauer Vorstellungen in sichtbarster Weise behandeln und dem erstaunten Fremden vor Augen führen.

Da sieht man die Diwe mit einer zottigen Haut, die in einen Thierschwanz endet, mit feurigen Augen, mit Eberzähnen, mit Hörnern auf dem Kopfe und mit langen Fangkrallen an Händen und Füßen, wie sie dem Helden dräuen, welcher es wie Rustem wagt, sich mit ihnen in den gefährlichsten Kampf einzulassen.

Als den Hauptsitz aller Unholde und Geister, als den Blocksberg ihres Landes, betrachten die Perser seit Jahrhunderten den erloschenen, beinahe 21,000 Fuß hohen vulkanischen Berg Demawend, vier Tagereisen in nordöstlicher Richtung von Teheran entfernt, von dessen schneebedecktem Gipfel bei heiterem Wetter eine herrliche Aussicht über das Geisterland Mazenderan bis zu dem Küstensaum des Kaspischen Meeres hin gestattet ist.

Nach dem Sturz des übermüthig gewordenen Königs Dschemschid, so erzählt die Sage, setzten die mißvergnügten Iranier den arabischen König Zohak als Herren ihres Landes ein.

Der böse Geist hatte mit diesem ein Bündniß geschlossen und ihm Ruhmesglanz und irdische Macht verheißen.

Zohak ermordete mit seiner Hülfe zuerst seinen eigenen Vater und setzte sich die Krone Arabiens auf's Haupt.

Der Böse hatte sich darauf in einen schönen Jüngling verwandelt, trat als Koch in die Dienste Zohak's, nährte ihn mit Blut, und erwarb sich durch seine köstlichen Gerichte das Wohlwollen Zohak's.

Als Lohn forderte er die Erlaubniß, die Schultern seines königlichen Herren küssen zu dürfen, doch kaum war dies geschehen, so erhoben sich urplötzlich zwei schwarze Schlangen aus den Stellen des Kusses, die keine menschliche Kunst, kein Arzt und kein Zauberer zu beseitigen vermochte.

Der Böse, welcher die Gestalt eines Arztes angenommen hatte, räth nun, die beiden Schlangen mit Menschenhirn zu füttern, in der teuflischen Absicht, dadurch allmälig die Welt zu entvölkern.

Dies geschieht 1000 Jahre hindurch (so lange regierte Zohak über Iran), alltäglich werden zwei Menschen den Schlangen geopfert, bis endlich der junge 16jährige Held Feridûn erscheint.

Im Verein mit dem tapferen Schmidt Kawe, dem bereits der siebenzehnte Sohn als Schlangenfutter genommen werden soll und der das Volk Irans zum Sturze des Tyrannen aufgewiegelt hatte, beginnt Feridûn, gegen alle Zauberei gefeit, den Befreiungskampf; er überwindet Zohak und wirft ihn in eine unterirdische Höhle des Demawend, wo er ihn in grauenvoller Tiefe an den Felsen anschmiedete.

Hier tobt und rumort der unbändige König, nach den Aussagen der Anwohner des Demawend, noch heutigen Tages und stößt einen stinkenden Dampf aus, der sich sichtbar durch den Schlot der Schwefelhöhle oben am Kegel des Demawend einen Ausweg sucht.

Wie der im Innern des Berges eingeschlossene Zohak lebhaft an die verzauberten Riesen der Deutschen erinnert, welche im Innern der Berge meist auf bessere Zeiten hoffen und ihrer endlichen Erlösung harren, so tritt auch in anderer Beziehung der Demawend den deutschen Hexenbergen näher. Ferner nämlich behauptet die persische Volkssage, daß der Demawend der Versammlungsort aller Zauberer und Geister sei, die König Salomon, ein semitischer Beigeschmack, dorthin verbannt habe. Alljährlich einmal wird in der be-

nachbarten und mit dem Berge gleichnamigen Stadt Dema=
wend ein Fest gefeiert, wobei Alt und Jung auf Pferden
und Maulthieren in wildem Getümmel umherreitet und
auf den Dächern der Häuser Feuerbrände angezündet wer=
den. Die altdeutschen Hexenritte und Hexenfeuer bieten
auch damit eine auffallende und merkwürdige Uebereinstim=
mung dar.

Wie das Feuer, so hat auch das Wasser von uralten
heidnischen Zeiten her bei den Deutschen und den Iraniern
eine Verehrung genossen, deren Spuren sich bei den genannten
Völkern ziemlich durchsichtig nachweisen lassen.

Schon lange vor dem Christenthum war es bei den
Deutschen Sitte, die neugeborenen Kinder durch Besprengung
mit Quellwasser zu heiligen.

Eine ähnliche Handlung ward nach der Lehre der per=
sischen Mithra Mysterien vollzogen und wird noch heute von
den Feueranbetern ausgeübt.

Tertullian kann seine Klage hierüber nicht unterdrücken,
indem er die Meinung ausspricht, daß auch der Teufel
einige als seine Gläubigen und Getreuen taufe, und ihnen
Nachlaß der Vergehungen durch diese Waschung verspreche.

Wie die Deutschen an den Quellen zu beten pflegten
und ihre Opfer darbrachten, so wenden noch heutigen Tages
die Geber oder Feueranbeter, am Wasser stehend, ihre
Hände mit stillem Gebete dem aufgehenden Tagesgestirn zu.

Tritt Jemand unter den Persern eine große Reise an,
so wird hinter ihm bei seinem Ausgang aus dem Hause

Wasser gesprengt und ein Spiegel vorgehalten, wodurch man ihm Gesundheit und eine glückliche Reise anzuwünschen glaubt.

Wie man in Deutschland bei trockenen Jahren den Regen herabzubeschwören pflegte, so haben die Perser einen altheidnischen Gebrauch ganz gleicher Bedeutung seltsam genug erhalten. Tritt Regenmangel ein, so geht der Schah von Persien, begleitet von den Großen seines Reiches, barfuß zum Elburs, vollbringt hier einige uralte Ceremonien und beschwört den Regen.

Die Verehrung, welche die alten Deutschen den Wäldern und einigen heiligen Bäumen zollten, ist so bekannt und hat sich so sichtbar in einigen Sagen und Märchen erhalten, daß ich es fast mit der bloßen Erwähnung dieser alten Sitte genügen lassen darf.

Man sah in den Bäumen ein verpflanztes Leben und gab ihnen oftmals eine ehrende, an eine Persönlichkeit erinnernde Benennung und den Zusatz von Frau, wie Frau Esche, Frau Hasel u. s. w.

Einen solchen Baum oder Strauch abzuhauen, galt als gefährlich und oftmals rief der Baum dem Verwegenen zu: „wer mich umhaut, der stirbt."

Haut einer die Erle um, so blutet und weint sie und beginnt zu reden.

Einzelne Kräuter haben eine wunderbare Kraft: sie offenbaren Geheimnisse, lassen in die Zukunft sehen und verschaffen Gold und Reichthümer.

7*

Wie die Deutschen in dieser Weise, so haben die Perser eine nah verwandte Vorstellung von dem geisterhaften Leben und der Bedeutung mancher Bäume und Pflanzen.

Seitdem Zoroaster die heilige Cypresse von Kischmer gepflanzt hat, scheint dieser Baum der Freiheit, welche nach den Vorstellungen der Morgenländer erst im Jenseit aufgeht, eine allgemein verbreitete Verehrung gefunden zu haben. Ueberall bis auf die Zeugmuster hin erblickt man noch heutigen Tages das Bild der Cypressen.

Ferdosi läßt das Leben des Helden Esfendiar an eine ferne Ulme im Lande Tschin gebunden sein; Rustem, der tapfere Pehlewane, bricht einen Zweig von dem Schicksals=baume los, der ihn als gefeiter sicherer Pfeil im Zweikampf gegen Esfendiar dient. Aus dem Blute des getödteten Sijawusch sproßt eine Pflanze empor, deren Blätter das Bildniß des Gemordeten an sich trügen, die Pflanze Sija=wuschblut. Die anmuthige Vorstellung, daß die entweichende Seele als Blume aufblühe, ist der deutschen Sage nicht unbekannt. Ein Kind trägt eine Rosenknospe heim, die ihm der Engel im Walde geschenkt hat; als die Rose erblüht, ist das Kind todt. Aus dem Grabe Hingerichteter sprießen weiße Lilien zum Zeichen ihrer Unschuld und aus dem des Mädchens drei Lilien, die nur der Geliebte brechen darf. Offenbar enthalten solche Anschauungen Erinnerungen an die Lehre von der Seelenwanderung, die bis in die Urzeit hinaufsteigt. An dem Berge von Khonßar, an der von mir passirten Straße nach Isfahan, wächst ein krüppelig Kraut;

als ich einen Busch erfaßte, um es genauer zu betrachten,
riefen mir die persischen Begleiter ängstlich zu: „Brecht nicht
die Pflanze, denn sie vergießt Blut und Euer Leben würde
dahin siechen."

Den Reisenden stößt oft auf seinen Pilgerfahrten durch
die öden Landschaften Persiens der Anblick eines halb ver-
dorrten Strauches auf, an dessen Aesten und Zweigen zahllose Fetzen von Kleidungsstücken hängen. Auch das sind
heilige Sträucher; wer krank und elend ist und vorüberzieht,
reißt ein Stück seines Kleides ab, hängt es an den Baum
auf, wobei er einen anderen Fetzen von demselben einsteckt,
in der Hoffnung, durch diese Handlung gesund zu werden. Auf
dem Berge Elwend, hinter der Stadt Hamadan, wächst ein
Kraut, das alles Metall in Gold verwandelt, ein anderes
Kraut setzt Kupfer in Gold um. Wer es unvorsichtig pflückt,
muß sterben. Man müsse deshalb Hunde abrichten, an
einen Pfahl binden und so lange prügeln, bis sie die Wurzel
ausgegraben hätten. In ganz ähnlicher Weise bedient man
sich in der deutschen Sage eines Hundes, um die Wurzel des
Alraun zu erlangen, deren Ausgrabung für Menschen unmittelbar den Tod nach sich ziehe.

Gemeinsame Vorstellungen, offenbar ausgegangen von
den Ansichten über den Göttercultus und der den Göttern
geweihten heiligen Thiere, theilen Germanen und Perser
über die Bedeutung gewisser Thiere und haben dieselben in
Sitte und Sage zum Theil klar und sichtbar erhalten.

An die Spitze aller stelle ich das Pferd. Wie der

nordischen Mythologie zufolge das Pferd, vor allen das
weiße, den höchsten Göttern geweiht war, wie man solche
in dem Umkreis der Tempel unterhielt, sie vor den Wagen
der Götter spannte und gelegentlich aus ihrem Wiehern
Weissagungen und Götterbotschaft zu empfangen vermeinte,
so haben auch die Perser von jeher diesem klugen, treuen
und edlen Thiere eine besondere Verehrung und Aufmerksamkeit gezollt, und es ist offenbar, daß unsere Altvorderen
von der indogermanischen Urheimath, dem Stammlande des
Pferdes, alte Erinnerungen mit nach der Heimath fortge-
schleppt haben. Weiße Rosse von der edlen Rasse des
nysäischen Pferdes zogen den Wagen der Sonne, als Xerxes
mit dem gesammten persischen Heere auf der Brücke, die Asien
mit Europa verband, über den Hellespont zog, und bekannt
ist die Geschichte, wie Darius unter den sechs Persern durch
das Wiehern seines Pferdes bei Sonnenaufgang auf den
erledigten Thron Persiens erhoben wurde.

Noch heutigen Tages haben die Perser diesen Kultus des
Pferdes in auffälliger Weise bewahrt. Wer in einen Pferde-
stall flieht, und wäre es der größte Verbrecher und Uebel-
thäter, der ist geschützt gegen alle Verfolgung und so sicher, als
habe er seine Zuflucht zu einer Moschee genommen oder ein
Asyl gesucht. Der Herr des Stalles muß ihn als heilig gehaltenen Gast betrachten, und darf ihn nicht den Händen der ver-
folgenden Gerechtigkeit überliefern. Und wie das Pferdehaupt
nach uralten deutschen Vorstellungen gegen böse Einflüsse
schützen soll, so hat auch bei den heutigen Persern das

Anfassen eines Pferdekopfes eine Bedeutung, die mit der vorher beschriebenen Zufluchtsstätte zusammenfällt. Die Reihe altperfischer Eigennamen für Perfonen, welche mit asp, d. h. Pferd, zusammengesetzt sind, bezeugen zum Schlusse am besten, welchen besonderen Werth die Perfer auf das Pferd und seinen Besitz legten.

Während von den alten Deutschen in gleicher Weise wie von den Perfern die Hengste höher gesteht wurden, als die Stuten, hat merkwürdiger Weist bei beiden Völkern in Bezug auf den Kultus der Rinder das umgekehrte Ver= hältniß stattgefunden. Den wenigen, aber um so wichtigeren Stellen, in welchen von heiligen Kühen (Kuh, perfisch gau) bei den Germanen die Rede ist, steht im Perfischen die all= gemein verbreitete Verehrung der Kühe gegenüber, die zu schlachten und zu verspeisen kein Perfer sich unterstehen würde. Der mohammedanische Perfer gibt als Grund hierfür einfach die schlimme Folge an, welche der Genuß des Kuhfleisches für Leben und Gesundheit nach sich ziehe; der feueranbetende Parfai erkennt nicht darin die Ursache, sondern erhebt sich über die gemeinsame Auslegung durch den Hinweis auf das religiöfe Verbot in den Lehren seiner zoroastrischen heiligen Schriften.

Der Hund, der treue Freund des Menschen in allen Zonen der Erde, galt bei den Deutschen, wie noch heute bei den Perfern, als unrein, daher schelten beide Völker mit seinem Namen. Andererseits legen sie ihm eine geistersichtige Macht bei; schwarze Hunde werden mit den bösen Geistern und den Diwes in Verbindung gesetzt und ihr Geheul gilt als traurige Vorbedeutung. Wie den Pferden, so geben Germanen und Perser, bis auf den heutigen Tag hin, den Hunden bestimmte Namen und haben das Bestreben, sie in ihren Benennungen auf eine gewisse Weise auszuzeichnen.

Wie bei den Deutschen den geflügelten Arten unter den Thieren ein geheimnißvolles Wesen beigelegt wurde, — ich erinnere an den Schwan und die Schwanfrauen, an den Kukuk, welcher durch seinen Schrei die noch bevorstehenden Lebensjahre voraussagt, an die Frau Nachtigall der Minnesänger, an die lieblichen Märchen vom Zaunkönig, an die Schwalbe, deren Nest man nicht zerstören soll, an das vor Alters hochheilige Rothkehlchen und an die kluge Meise — so haben auch die Vögel bei den Persern zum großen Theil eine höhere Bedeutung in dem geheimnißvollen Leben der Thierwelt. Die Diwen oder Geister, die Vögel und die Peris oder Feen gehorchten dem uralten Dschemschid, dem Könige des goldenen Zeitalters, die Vögel reden eine eigene Sprache und der Papagei erzählt lange Geschichten. Die Ankunft der Schwalbe als Frühlingsbotin und der erste Gesang der Bülbül, der Nachtigall, sind als wichtige Ereignisse in dem persischen Kalender am 26. und am 30. März alljährlich angesetzt. Zwei weiße Falken mit goldenen Kronen auf den Häuptern verkünden Einem das nahe bevorstehende Königsthum. Von dem Wundervogel Semurg, der in seinem Riesenneste, auf dem höchsten Gipfel des Elburs, dem Himmel nahe thront, habe ich vorher gesprochen. Seine

Federn sind ein schätzbarer Talisman. Als der junge Held
Sal sie verläßt, spricht die Semurg zu ihm:

> „Nimm eine meiner Federn mit Bedacht,
> So bleibst Du stets im Schatten meiner Macht,
> Und wirst Du jemals in Gefahr gerathen,
> Erhebt sich Feindschaft wider Deine Thaten,
> So wirf nur diese Feder in das Feuer,
> Alsbald erschein' ich Dir als Freund, als treuer."

Die wunderbare Kraft, welche den Federn eines Vogels
inne wohnen soll, zeigt sich besonders in dem Glauben der
heutigen Perser, daß eine Feder des Königs-Rebhuhns ver-
brannt, ihren Besitzer vor Pestanfall schützt.

Dem Drachen hat die deutsche Sage, bis in das Mittelalter hinein, viel Wunderbares angehängt und die Helden,
wie der Drachentödter Siegfried, erreichen ihren höchsten
Ruhm durch die Ueberwindung des Lindwurmes, der Feuer
und Rauch aus dem Rachen ausspeit. Nicht anders stellt
sich die Sage vom Drachen in der persischen Auffassung dar.
Drachen in scheußlicher Gestalt, Riesen und die Diwe schützen
die Zugänge zu den verzauberten Schlössern oder liegen in
der Wüste, Alles zerreißend, was sich ihrem Gebiete naht.
Als den kühnen Recken Rustem der Schlummer erfaßt,
nach einem Kampfe mit Löwen, da

> „ein Drache aus der Wüste schleicht heran,
> Dem kaum ein Elephant entgehen kann,
> Er hat sein Ruhelager dort gebaut,
> Vor dem es selbst den wilden Diwen graut."

Rustem greift ihn kühn an, wird aber vom Drachen
umstrickt, der seine scharfen Krallen in seinen Körper ein-

schlägt, und wird nur durch die thätige Hülfe seines klugen
Rosses Raksch aus der gefährlichen Lage befreit.

Ist es gestattet, von der lebenden Welt einen Blick auf
die leblose Welt zu werfen, so tritt auch da in reicher Fülle
der Rest uralter gemeinsam getheilter Vorstellungen und
Anschauungen in dem Gewande der Sage und alter Ueberlieferung bei Persern und Germanen in wunderbarer Uebereinstimmung entgegen. Nachdem ich vorher bereits auf die
mit Zauberei und mit der Geisterwelt in Verbindung stehenden
Berge und Höhlen, wie des Demawend und des sagenreichen
Elwend in der Nähe von Hamadan aufmerksam gemacht
habe, hebe ich zur Vervollständigung die in Deutschland und
Persien so häufigen Steine und Steinmassen ganz besonders
hervor. — Die deutsche Sage meldet von versteinerten Riesen
und Menschen und in ähnlicher Weise liefert die persische
Sage Beispiele, daß Diwe sich beliebig in Steine verwandeln konnten oder zu Stein verzaubert wurden. Als
Held Rustem den König der Diwe in Mazenderan kühnlich
angreift und ihn hart bedrängt, da meldet der Sänger der
Schahnameh:

> „Allein der König wird vor seinem Blick,
> Durch Zauberkunst zu einem Felsenstück,
> Erstaunt sehn's Rustem und sein Lanzenhalter
> Wie er als Fels daliegt als starrer, kalter."

Solche Zaubersteine zeigt man noch heute den fremden
Wanderern auf der iranischen Hochfläche aller Orten. An
sonderbar gestaltete Felsen und an die Reste mächtiger
Bauten der Vorzeit knüpfen sich in Deutschland wie in

Persien die Namen alter Recken und Helden. Die Tempel=
ruinen in Persepolis mit den Gräbern des Darius und
Xerxes heißen bei den heutigen Persern „Thron Königs
Dschemschid," die nahe gelegenen Felsen und Felsenbilder
„Rustemssteine" und „Rustemsbilder," und so sind durch ganz
Persien hin die Rustemssteine in alter Erinnerung an die
iranische Vorzeit weit verbreitet. In der Wüste werden
herumliegende Felsenplatten in Abständen von 30—40 Fuß
als die Wegspuren von Rustem's Kameel bezeichnet und
bekannt sind die eigenen Fußspuren desselben Recken, denn,
wie der Dichter singt:

> „Es hatte Rustem, sagt man, im Beginne
> Durch Gottes Kraft so große Stärke inne,
> Daß, wenn zu falschem Grund den Schritt er lenkte,
> Sein Fuß dort einbrach, weil der Fels sich senkte."

Heilige Steine, wie sie Altdeutschland als Malsteine
der Gerichte oder als Opfersteine kennt, finden in Persien
ihr Gegenbild in der Sitte der Wanderer, an der Seite
neben der Karawanenstraße in einer gewissen Ordnung
Steine aufzurichten, die als Gedenksteine zurückbleiben und
von Niemandem, der später kommt, in ihrer Ordnung zer=
stört werden dürfen.

Ich wage nicht, durch Aufzählung weiterer Ueberlieferungen
die, aus alten Zeiten herstammend und auf uralten Götter=
und Heldenkultus zurückgehend, den geistigen Faden eines
innersten Zusammenhanges zwischen Germanen und Persern
zu verfolgen, in der Befürchtung durch aphoristische Kürze
und wenig fesselnde Allgemeinheit die Geduld zu erproben.

Nur eine Seite in dem Geistesleben beider Völker, ebenso uralt in ihrer Wurzel, darf nicht unberührt und von der Betrachtung ausgeschlossen bleiben, da diese einen wesentlichen Beitrag zur Beurtheilung der ursprünglichen Stammverwandtschaft und der gemeinsamen Urheimath darbietet, ich meine den Aberglauben.

Wir Deutschen haben den Vorzug, uns in der bildenden Schule der Gesittung und Veredlung aus jenem finsteren Bereich erschreckender und beängstigender Gefühle herausgearbeitet zu haben, die, auf alte heidnische Gebräuche und Ansichten zurückführend, die Gemüther der roheren Masse in sonderbar getreuem Festhalten an Ueberlieferungen beherrschen. Noch die späten Zeiten des deutschen Mittelalters sind reich an Spuren abergläubischer Gebräuche und Meinungen, ja noch heute, oft unbewußt, hat sich der Aberglaube in einzelnen Fällen da erhalten, wo das Licht aufklärender Kultur weniger leicht hinzudringen vermag.

In Bezug auf den Aberglauben stehen die Perser auf der Stufe unseres Mittelalters und verharren so zäh darin, daß selbst in offizieller Weise demselben strenge Rechnung getragen werden muß.

Der persische Schah ist von Hofastrologen umgeben, die aus den Sternen weissagen müssen, ob diese oder jene Handlung zu einer bestimmten Zeit glücklich oder unglücklich vollführt werden könne. Kein europäischer Gesandte wird empfangen, ohne daß die Astrologen des Mittelpunktes des Weltalls (wie man den Schah in Persien bezeichnet) die

Stunde der Audienz nach der Stellung und dem Einfluß
der Gestirne genau berechnet und bestimmt hätte. Der
persische Kalender, welcher alle Jahre von den Astrologen
ausgearbeitet und in Teheran gedruckt wird, enthält als
wesentlichsten Bestandtheil eine Liste der glücklichen und unglücklichen Tage und Stunden. Es ist darin genau verzeichnet, welche Stunde gut zur Reise, oder zur Rückkehr
nach Hause, oder zum Kauf oder Verkauf, oder zum Wechsel
der Kleidungsstücke, zur Namensgebung eines Kindes 2c. sei,
mit einem Worte, die Tagwählerei ist eine Gewohnheit, die
dem Perser angeboren ist.

In den Bazaren und auf den öffentlichen Plätzen sitzen
graubärtige Alte und tief verschleierte Frauen, welche aus
dem Becher oder aus Tafeln oder aus dem Sande den
Leuten das Schicksal vorher verkünden und selten sind sie
ohne Kundschaft, da ein jeder, besonders aber die junge persische
Frauenwelt das nächste Schicksal im voraus zu wissen begehrt. Der Becher ist auch in der deutschen Zauberei nicht
ohne Bedeutung und hat sich vor allen in seiner geheimnißvollen Anwendung bei den Gauklern erhalten. Ist ein
Perser über eine vorzunehmende Handlung im Zweifel, z. B.
wenn er krank ist, ob er Medicin einnehmen soll, die ihm
der Arzt verschrieben hat, so macht er sein Istakhara, d. h.
er ergreift, ohne hinzusehen, eine beliebige Kugel seines Rosen-
kranzes, zählt bis zu Ende desselben die Kugeln ab und hält
es für ein glückliches Omen, wenn eine Kugel übrig bleibt,
für unglücklich oder widerrathend, wenn drei der Rest ist, für

gleichgültig, nicht gut, nicht schlecht, wenn zwei Kugeln den Schluß der Kette bilden. Jemand, der von einer großen Reise heimwärts kehrt und für todt gesagt wird (wie mir es zufällig selber erging, als ich von Schiraz nach Teheran zurückkehrte, nachdem man meinen Tod ausgesprengt hatte), darf bei Leibe nicht durch die Hausthüre den Weg in das Innere der Wohnung nehmen, sondern muß über das Dach klettern.

Wem der Perser begegnet, wenn er aus seinem Hause tritt, ist ihm durchaus nicht gleichgültig, und daß der Blick eines Menschen eine böse Wirkung ausüben könne, davon ist er so fest überzeugt, daß er sich, seine Familie, seine Pferde und seine Hunde mit schützenden Talismanen behängt.

Träume sind von großem Einfluß auf das Gemüth der abergläubischen Iranier und erfüllen sie mit ebenso kindischer Furcht, als andererseits mit Freude und Hoffnung.

Wie der Aberglaube oft in abschreckender Weise, freilich nach Ueberlieferungen uralter Zeiten, in Persien auftritt, davon will ich zum Schluß nur ein Beispiel erwähnen. Die Geber oder Feueranbeter bestatten ihre Leichen nicht, sondern legen sie in einer eigenthümlichen Anordnung in einer wüsten, wilden Gegend unter Gottes freiem Himmel auf den Boden hin. Leute, welche zur Familie gehören, sitzen versteckt in der Nähe und spähen. Kommen Raben oder andere Raubvögel herbeigeflogen und hacken dem Todten die Augen aus, so sind sie glücklich und preisen den Verstorbenen selig, wenn der Vogel das rechte Auge zuerst ausgehackt hat, bejammern aber sein Schicksal im Jenseit, wenn das linke Auge zuerst zur Vogelspeise ward.

Nach solchen Zeugnissen, welche ich in meinem Vortrage aufgeführt habe und die sich durch eine große Zahl ähnlicher Beispiele erweitern ließen, wird es nicht zweifelhaft sein, daß sich, wie Ahndungen der Urzeit und wie Erinnerungen an die gemeinsam getheilten Ursitze, bei Germanen und Persern in Sitte und Ansichten so merkwürdige Uebereinstimmungen erhalten haben, wie sie nur immer zwischen zwei Völkern gedacht werden können, deren Stammverwandtschaft auch die historischen Zeugnisse verbürgen. Aber selbst in der unmittelbarsten Auffassung tritt der Perser in seiner ganzen Erscheinung und in seinem Wesen, trotz vielfacher Berührung und Verschmelzung mit turanisch-scythischen Elementen einerseits, wie mit semitischen, besonders durch die Gemeinsamkeit der Religion, andererseits, dem indogermanischen Europäerthum so nahe, daß es, die fremde Kleidung abgerechnet, auf den ersten Blick schwer fallen sollte, den Perser vom Europäer zu unterscheiden. Habe ich auch nicht das Glück gehabt, wie der Vater der Geschichte, Herodot, auf den Schlachtfeldern von Pelusium und Papremis die weichen Schädel der Perser zu untersuchen, so weiß ich doch das Eine sicher, daß die persisch-kaukasische Rasse, frei von aller scythischen oder semitischen Beimischung, in dem Ebenmaß ihrer Glieder, in ihrer Wohlgestalt und in der Bildung ihres Kopfes die Verwandtschaft auch mit dem deutschen Stamme in keiner Weise verleugnet. Aber mehr noch, als

Körperbildung, die sich durch Jahrtausende hindurch in ur-
sprünglicher Reinheit erhalten hat, bezeugen Charakter und
die geistigen Anlagen und Fähigkeiten des iranischen Volkes,
wie sie sich noch gegenwärtig in dem Umgang und Verkehr
mit ihnen bekunden, die alte Grundlage indogermanischen
Erbtheils. Der Perser ist kein stiller, ernster, in sich versunkener, brütender semitischer Patriarch, sondern eine bewegliche, heitere, lebenslustige, lachende Person, von unge-
wöhnlicher Verstandesschärfe und von schlagendem Witze,
eine Verkörperung der dichterischen Fiction des heiteren
Mirza Schaffy, wie ihn Bodenstedt in seinem 1001 Tag
im Orient so trefflich und scharf gezeichnet hat. Die Mirza
Schaffy's laufen in allen Gassen der persischen Städte umher, leider findet sich nicht immer ein Bodenstedt, um das
geistige Bild in so gelungener Weise zu photographiren.

Ich schließe meinen Vortrag über Germanen und Perser
mit einer Bemerkung, die nach so manchen gemeinsamen
Seiten eine entschiedene Trennung zwischen den Deutschen
und Persern betrifft, eine Trennung, die vielleicht der Grund
gewesen ist, weshalb sich die Germanen von den Persern
absonderten und ihre alte Wiege am Hindukusch verließen.

Während die Deutschen von Alters her sprichwörtlich gewordene deutsche Treue, deutsche Wahrheit, als ein köstliches
Erbtheil gepflegt und gehegt haben, und in ihrem Streben
und Ringen danach in der indogermanischen Völkergruppe
eine große Musterfamilie geworden sind: haben die Perser

die Wahrheit verlernt und vergessen. Wenn auch die Alten
vermelden, daß die Iranier ihre Kinder im Reiten, Pfeilwerfen
und Wahrheitreden unterweisen ließen, so bezeugt das in
keiner Weise, daß die alten Perser sehr wahrheitsliebend
gewesen sein müssen, denn, was man nicht kennt und nicht
weiß, das lernt man, und wer die Wahrheit nicht besitzt,
der muß lügen und deshalb in der Wahrheit unterwiesen
werden. Die Lüge ist leider Gottes unter den Persern eine
so weit verbreitete Erscheinung, daß selbst die mathematische
Wahrheit dem Sohne Irans Nichts gilt und die unverschäm=
testen Unwahrheiten Niemanden verletzen. Ein Perser er=
zählte einst, er habe gesehen, wie bei den Tönen der Musik
eines berühmten persischen Musikmeisters ein Felsen in der
Nähe Teherans weich und knetbar geworden sei, und be=
theuerte dies durch die fürchterlichsten Schwüre. Wenn ein
Volk, wie das persische, in solchen colossalen Dimensionen
lügen kann, ohne zu erröthen, so ist es wahrscheinlich, daß
bei allen Vorzügen hoher geistiger Anlagen die Anmuth
veredelnder Gesittung noch lange warten muß, ehe sie Ein=
gang und Verbreitung findet, die Bevölkerung von dem
Schmutze gegenwärtiger sittenloser Zustände befreit und zu
würdigen Brüdern der indogermanischen Völker heranbildet.

Wenn die Zeit gekommen sein wird, daß Germanen und
Perser sich wieder als geistig ebenbürtige Brüder die Hand
reichen, ist schwer voraus zu bestimmen. Die Erfahrungen
der Reisenden nach dieser Seite hin haben gelehrt, daß

zwischen beiden Völkern vorläufig eine Kluft liegt, die aus=
zufüllen kaum Jahrhunderte hinreichen dürften, und die be=
stehen wird, so lange die Wörter Islam, Mohammed und
Ali und nicht das Wort Humanität auf den persischen
Fahnen geschrieben stehen.

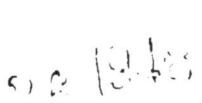

Berlin, Druck von W. Büxenstein.